Johann Heinrich Pestalozzi

Texte für die Gegenwart

Herausgegeben von Heinrich Roth
in Zusammenarbeit mit Walter Guyer

Johann Heinrich Pestalozzi
Texte für die Gegenwart

Herausgegeben von Heinrich Roth
in Zusammenarbeit mit Walter Guyer

Drei Bände

Band 1

Menschenbildung und Menschenbild

Band 2

Sozialpolitik, Bürger und Staat

Band 3

Erziehung und Unterricht

Verlag Klett & Balmer Zug

Johann Heinrich Pestalozzi
Menschenbildung und Menschenbild

Herausgegeben von Heinrich Roth
in Zusammenarbeit mit Walter Guyer

Klett + Balmer

Erste Auflage 1976

Typographische Gestaltung: Max Caflisch
Satz und Druck: Kalt-Zehnder, Zug
Printed in Switzerland

ISBN 3-264-90020-3

Inhalt

Einführung

Die Absicht des Autors

Das Werk Johann Heinrich Pestalozzis enthält einen erstaunlichen Reichtum an Ideen und zeitlos gültigen Erkenntnissen. Sie wirken auf uns, als wären sie im Hinblick auf die gegenwärtigen Probleme der menschlichen Gesellschaft, insbesondere der Erziehung, des Bildungswesens, der Politik und der Gesetzgebung geschrieben worden.

Der Zugang zu Pestalozzis Gedankengut war bisher mit erheblichen Schwierigkeiten verbunden. Sie liegen teils in der Unübersichtlichkeit und Weitläufigkeit des Gesamtwerkes, teils in der sprachlichen Form, die den Leser von heute befremdet und ermüdet.

Die vorliegende Textausgabe will den Zugang zum lebendigen, aktuellen Pestalozzi erleichtern. Sie wendet sich an jeden denkenden Menschen, besonders in den Lebensbereichen der Schule, der Lehrerbildung, der Bildungspolitik, der privaten und öffentlichen Fürsorge, der Gesetzgebung und Rechtsprechung. Sie wendet sich an denkende Väter und Mütter und an alle, die im öffentlichen Leben stehen und Verantwortung tragen.

Die Textauswahl

Keines der Werke Pestalozzis wird hier vollständig wiedergegeben, wohl aber ihr Kerngehalt, insofern er für uns heute wichtig ist. Diesem ersten Band werden zwei weitere Bände folgen, nämlich

Band 2: Sozialpolitik. Bürger und Staat
Band 3: Erziehung und Unterricht

Um dem Leser einen leichteren Überblick zu ermöglichen und ihn Gesuchtes rascher finden zu lassen, ist die thematische Ordnung der Texte gewählt worden. Im Rahmen eines Themas bleibt die zeitliche Reihenfolge der Schriften gewahrt. Damit möchte dem Bedürfnis entsprochen werden, Einblick in den Werdegang der tragenden Ideen und Erkenntnisse zu gewinnen.

Als Grundlage der Textausgabe dient die vom Pestalozzianum in Zürich betreute und größtenteils von Dr. E. Dejung in Winterthur redigierte Kritische Gesamtausgabe der Werke Pestalozzis.

Die sprachliche Form

Das besondere Wagnis dieser Textausgabe liegt in der Wahl der sprachlichen Form. Es ging mir darum, den gedanklichen Gehalt der Original-Schriften Pestalozzis in seinem inneren Zusammenhang unverfälscht darzubieten, jedoch in einer Form, die ohne große Schwierigkeiten lesbar ist. Ein Vergleich mit dem Original darf nicht «Satz für Satz» vorgenommen werden. Wo es der Sinnzusammenhang zuließ, habe ich gekürzt. Mißverständliche und heute nicht mehr gebräuchliche Wendungen und Wörter sind sinngemäß durch gängige ersetzt, der Satzbau vereinfacht worden. Dort aber, wo die Verständlichkeit des Textes für den modernen Leser gewährleistet schien, blieb der originale Satz unangetastet.

Ein Hinweis

Die kursiv gedruckte Darstellungsart in den Texten habe ich zum besseren Verständnis der Gedankengänge Pestalozzis gewählt.

Dank

Ich erfuhr in meiner Arbeit von mancher Seite wertvolle Förderung, wofür ich hier danke:

Dr. Walter Guyer, dem Pestalozzi-Forscher und -Interpreten, für ständige Beratung und für die Überprüfung der «Gleichwertigkeit der Texte zum Original»;

Direktor Hans Wymann, Leiter des Pestalozzianums in Zürich, und seiner Sekretärin Rosemarie von Meiß, für die Ermöglichung und Vorbereitung der Edition;

Dr. Emanuel Dejung, Winterthur, Redaktor der Kritischen Gesamtausgabe der Werke und Briefe Pestalozzis, für seine helfenden Hinweise;

den Frauen Anita Roth-Reudt, Lausanne, Dorothe Stucki-Roth, Bülach und Cornelia Ott-Altwegg, St. Gallen,

den Herren Artur Bärtsch und Alfred Roth, St. Gallen, für die Prüfung der Lesbarkeit der Texte.

Rorschach, im Mai 1976 — Heinrich Roth

Erster Teil

Menschenbildung

Aus:

Über den Aufenthalt in Stans

Brief Pestalozzis an einen Freund [1]

1799

Im Dezember 1798, kurz nach der blutigen Niederwerfung des Nidwaldner Aufstandes durch französische Truppen, geht Pestalozzi im Auftrag der Helvetischen Regierung nach Stans, um in den Nebenräumen des Frauenklosters kriegsgeschädigte Kinder zu betreuen. Aber schon ein halbes Jahr später wird das Unternehmen aufgegeben.

Im vorliegenden Brief gibt Pestalozzi Rechenschaft über seine Arbeit. Herzstück dieses Dokumentes ist das ABC der sittlich-religiösen Erziehung, das seine Gültigkeit behalten hat und in den Verlegenheiten von heute Hilfe bieten kann [2].

Da ich meinen Plan für die öffentliche Erziehung der Armen im dritten und vierten Teil von Lienhard und Gertrud ausführlich dargelegt habe, wiederhole ich seinen Inhalt nicht. Ich legte ihn dem Minister Stapfer vor. Er begünstigte ihn mit der Wärme eines edlen, die Bedürfnisse der Volksbildung erkennenden Mannes. Dies tat auch der Minister des Innern, Rengger.

Meine Absicht war, im Zürichbiet oder Aargau einen Ort zu wählen, der mir den Weg zur Ausdehnung meiner Anstalt wie auch zur Vollendung ihrer inneren Zwecke durch den Vorteil der lokalen Vereinigung von Industrie und Landwirtschaft erleichtern sollte. Aber das Unglück von Unterwalden (im September 1798) entschied über den Ort, den ich wählen mußte. Die Regierung sah es als dringend an, diesem Distrikt wieder aufzuhelfen, und bat mich,

[1] Pestalozzi, Johann Heinrich: Sämtliche Werke. Kritische Ausgabe 1927 und folgende. Verlag de Gruyter-Berlin und Orell Füßli Verlag Zürich. Band 13. In der Folge zitiert: Kritische Ausgabe.

[2] Siehe auch Guyer, Walter: Pestalozzi aktueller denn je. Zürich: Orell Füßli 1975.

für einmal den Versuch meiner Unternehmung an einem Ort zu machen, dem wahrlich alles fehlte, was den glücklichen Erfolg derselben einigermaßen fördern könnte.

Ich ging gern. Mein Eifer, einmal an den großen Traum meines Lebens Hand anlegen zu können, hätte mich dahin gebracht, in den höchsten Alpen, ich möchte sagen, ohne Feuer und Wasser anzufangen, wenn man mich nur einmal hätte anfangen lassen.

Die Regierung wies mir das neue Gebäude der Klosterfrauen in Stans zur Wohnung an. Aber dieses war, als ich ankam, teils noch nicht vollendet, teils zum Zweck eines Waisenhauses für eine beträchtliche Anzahl Kinder keineswegs eingerichtet. Es mußte deshalb vorerst in einen brauchbaren Zustand gebracht werden. Die Regierung ließ das Nötige vorkehren.

Bei allem Willen und aller Unterstützung jedoch forderten diese Vorbereitungen wenigstens Zeit. Aber gerade diese fehlte bei der Notwendigkeit, die Menge teils verwahrloster, teils durch die blutigen Ereignisse verwaister Kinder schnell zu versorgen.

Außer dem nötigen Geld mangelte es an allem, und die Kinder drängten sich herzu, bevor Küche, Zimmer, Betten für sie in Ordnung sein konnten. Das verwirrte den Anfang der Sache unglaublich.

Im Anfang mußte ich die armen Kinder aus Mangel an Betten nachts zum Teil heimschicken. Diese kamen dann am Morgen mit Ungeziefer beladen zurück. Die meisten dieser Kinder waren, als sie eintraten, in jenem Zustand, den die äußerste Not zur Folge haben muß. Viele traten mit eingewurzelter «Krätze» ein, so daß sie kaum gehen konnten, viele mit aufgebrochenen Köpfen, viele mit Hudeln, die mit Ungeziefer beladen waren, viele hager wie Gerippe, gelb, grinsend, mit Augen voller Angst und mit Stirnen voller Runzeln des Mißtrauens und der Sorge, einige voll kühner Frechheit, des Bettelns, des Heuchelns und aller Falschheit gewöhnt; andere vom Elend erdrückt, duldsam, aber mißtrauisch, lieblos und furchtsam. Zwischenhinein einige Zärtlinge, die vorher zum Teil in bequemen Verhältnissen gelebt hatten. Diese waren anspruchsvoll, hielten zusammen, verachteten die Bettelkinder und fühlten sich in der Gleichstellung mit ihnen nicht wohl. Träge Untätigkeit, Mangel an Übung der Geistesanlagen und wesentlicher körperlicher Fertigkeiten waren allgemein. Unter zehn Kindern kannte kaum eines das ABC. Von Schulunterricht oder wesentlichen Bildungsmitteln der Erziehung war noch weniger die Rede.

Der gänzliche Mangel an Schulbildung war indessen gerade das, was mich am wenigsten beunruhigte. Ich vertraute auf die Kräfte der menschlichen Natur, die Gott auch in die ärmsten und vernachlässigtsten Kinder gelegt hat; denn frühere Erfahrung hatte mich schon lange belehrt, daß diese Natur mitten im Schlamm der Rohheit, der Verwilderung und der Zerrüttung die herrlichsten Anlagen und Fähigkeiten entfaltet, und ich sah diese lebendige Naturkraft auch bei meinen Kindern, mitten in ihrer Rohheit, allenthalben hervorbrechen. Ich wußte, wie sehr die Not und die Bedürfnisse des Lebens selbst dazu beitragen, die wesentlichsten Verhältnisse der Dinge dem Menschen anschaulich zu machen, gesunden Sinn und Mutterwitz zu entwickeln und Kräfte anzuregen, die zwar in dieser Tiefe des Daseins mit Unrat bedeckt sind, die aber, vom Schlamm dieser Umgebungen gereinigt, in hellem Glanze strahlen. Das wollte ich tun: Aus diesem Schlamm wollte ich sie herausheben und in einfache, aber reine häusliche Umgebung versetzen. Ich war gewiß, es brauchte nur dies, und sie würden als höherer Sinn und höhere Tatkraft erscheinen und sich als Tüchtigkeit zu allem erproben, was immer den Geist befriedigen und das Herz in seiner innersten Neigung ansprechen kann.

Ich sah also meine Wünsche erfüllt und war überzeugt, mein Herz werde den Zustand meiner Kinder so schnell ändern wie die Frühlingssonne den erstarrten Boden des Winters.

Ich irrte mich nicht: Ehe die Frühlingssonne den Schnee unserer Berge schmelzte, kannte man meine Kinder nicht mehr.

Ich wollte durch meinen Versuch beweisen, daß die Vorzüge, welche die häusliche Erziehung hat, von der öffentlichen nachgeahmt werden müssen, und daß die letztere nur durch die Nachahmung der häuslichen Erziehung für das Menschengeschlecht einen Wert hat.

Schulunterricht ohne Umfassung des ganzen Geistes, den die Menschenerziehung benötigt, und ohne auf das Leben der häuslichen Verhältnisse gebaut, führt in meinen Augen nicht weiter als zu einer künstlichen Verschrumpfungsmethode unseres Geschlechts.

Jede gute Menschenerziehung erfordert, daß das Mutterauge in der Wohnstube täglich und stündlich jede Veränderung im Seelenzustand ihres Kindes mit Sicherheit in seinem Auge, auf seinem Mund und seiner Stirne liest.

Sie fordert, daß die Kraft des Erziehers reine und durch die häuslichen Verhältnisse belebte Vaterkraft ist.

Hierauf baute ich. Daß mein Herz an meinen Kindern hange, daß ihr Glück mein Glück, ihre Freude meine Freude sei, das sollten meine Kinder vom frühen Morgen bis zum späten Abend, in jedem Augenblick auf meiner Stirne sehen und auf meinen Lippen ahnen.

Der Mensch will so gern das Gute, das Kind hat so gern ein offenes Ohr dafür. Aber es will es nicht für dich, Lehrer, es will es nicht für dich, Erzieher, es will es für sich selber. Das Gute, zu dem du es hinführen sollst, darf kein Einfall deiner Laune und deiner Leidenschaft, es muß an sich gut sein und dem Kind als gut in die Augen fallen. Alles, was es lieb macht, das will es. Alles, was ihm Ehre bringt, das will es. Alles, was große Erwartungen in ihm rege macht, das will es. Alles, was in ihm Kräfte erzeugt, was es aussprechen macht: Ich kann es! das will es.

Aber dieser Wille wird nicht durch Worte, sondern durch die allseitige Besorgung des Kindes und durch die Gefühle und Kräfte, die dadurch in ihm rege gemacht werden, erzeugt. Die Worte geben nicht die Sache selbst, sondern nur eine deutliche Einsicht, das Bewußtsein von ihr.

Vor allem wollte und mußte ich also das Zutrauen der Kinder und ihre Anhänglichkeit zu gewinnen suchen. Gelang mir dies, so erwartete ich zuversichtlich alles Übrige. Das unglückliche Land hatte durch Feuer und Schwert alle Schrecknisse des Krieges erfahren. Das Volk verabscheute größtenteils die neue Verfassung. Es war erbittert gegen die Regierung und hielt sogar ihre Hilfe für verdächtig.

Ich aber stand unter ihnen als ein Geschöpf der neuen, verhaßten Ordnung.

Indessen, so drückend und stoßend die Hilflosigkeit war, in der ich mich befand, so war sie von einer andern Seite dem Innern meiner Zwecke günstig. Sie nötigte mich, meinen Kindern alles in allem zu sein. Ich war von Morgen bis Abend sozusagen allein in ihrer Mitte. Alles, was ihnen an Leib und Seele Gutes geschah, ging aus meiner Hand. Jede Hilfe, jede Handbietung in der Not, jede Lehre, die sie erhielten, ging unmittelbar von mir aus. Meine Hand lag in ihrer Hand, mein Auge ruhte auf ihrem Auge. Meine Tränen flossen mit den ihrigen, und mein Lächeln begleitete das ihrige. Sie waren außer der Welt, außer Stans; sie waren bei mir, und ich war bei ihnen. Ihre Suppe war die meinige, ihr Trank war der meinige. Ich hatte nichts, keine Haushaltung, keine Freunde, keine Dienstboten um mich, ich hatte nur sie. Waren sie gesund, so stand ich in ihrer Mitte; waren sie krank, so war ich an ihrer Seite. Ich schlief in ihrer Mitte. Ich war am Abend der letzte, der ins Bett ging, und am Morgen der erste, der aufstand. Ich betete und lehrte noch im Bett mit ihnen, bis sie einschliefen. Sie wollten es so. Alle Augenblicke mit den Gefahren der Ansteckung umgeben, besorgte ich die beinahe unbesiegbare Unreinlichkeit ihrer Kleider und ihrer Personen. Aber allein dadurch war es möglich, daß sich die Kinder allmählich – und einige innigst – so weit an mich anschlossen, daß sie dem widersprachen, was sie Dummes und Verächtliches von Eltern und Freunden über mich hörten. Sie fühlten, daß mir Unrecht geschah, und ich möchte sagen, sie liebten mich doppelt dafür.

Die erste Wirkung dieser Grundsätze und dieses Tuns war jedoch keineswegs allgemein befriedigend, und konnte es nicht sein. Die Kinder glaubten nicht so leicht an meine Liebe. An Müßiggang, zügelloses Leben, Verwilderung und unregelmäßige Genüsse gewöhnt – und in der Hoffnung getäuscht, im Kloster nach Klosterweise gefüttert zu werden und müßig bleiben zu können –, beklagten sich bald mehrere und wollten nicht bleiben.

Eltern und Kinder meinten bald, mir eine Gnade zu erweisen, wenn sie blieben; und viele von ihnen fragten bei den Kapuzinern und anderswo nach, ob ich denn gar nichts anderes zu tun wisse, daß mir am Behalten dieser Kinder so viel liege. Diese Leute nahmen an, ich unterziehe mich dieser Mühe nur aus Armut.

So gingen Monate dahin, ehe ich die Freude hatte, daß mir ein Vater oder eine Mutter mit einem heiteren, dankvollen Auge die Hand drückte. Die Kinder kamen früher zu sich selber. Ich habe in dieser Zeit mehrere weinen gesehen, weil ihre Eltern kamen und gingen, ohne mich zu grüßen. Viele fühlten sich glücklich, und was immer ihre Mütter zu ihnen sagten, antworteten sie ihnen: Ich habe es besser hier als zu Hause. Wenn ich einzeln mit ihnen redete, so erzählten sie mir gerne, wie unglücklich sie bei ihren Eltern gewesen seien. Die einen, wie sie täglich in Zank und Streit gelebt und keinen ruhigen, freudigen Augenblick gehabt, die andern, wie sie oft tagelang keine Suppe, kein Brot zu sehen bekommen hätten. Wieder andere, wie sie das Jahr durch in kein Bett gekommen, und noch andere, wie sie fast täglich zu Unrecht geschlagen worden seien. Und doch liefen eben diese Kinder den Morgen darauf mit ihren Müttern wieder fort.

Einige hingegen, und nicht wenige, sahen bald, daß sie bei mir etwas lernen und etwas werden könnten, und sie blieben in der Anhänglichkeit und im Eifer standhaft. Es ging nicht lange, so zeigten diese eine so innige Anhänglichkeit und eine so herzliche Zuneigung, daß viele aus Eifersucht nachahmten, was sie nicht fühlten.

Die Anstalt wuchs, so daß ich 1799 an die achtzig Kinder hatte. Die meisten dieser Kinder hatten gute, und einige ausgezeichnete Anlagen. Das Lernen war ihnen meistens ganz neu. Sobald einige sahen, daß sie es zu etwas bringen, war ihr Eifer unermüdlich. Kinder, die in ihrem Leben kein Buch in der Hand gehabt, kaum das Vaterunser und Ave Maria auswendig konnten, kamen in wenigen Wochen dahin, daß sie mit dem größten Interesse vom frühen Morgen bis an den späten Abend fast unablässig lernten.

Indessen hatte ich es dennoch unaussprechlich schwer. Eine gute Organisation des Unterrichts zu treffen, war noch unmöglich.

Die Verwilderung der einzelnen und die Verwirrung des Ganzen war mit allem Zutrauen und mit allem Eifer noch nicht behoben. Ich mußte für den geordneten Gang des Ganzen nach einem höheren Fundament suchen. Ehe dieses Fundament da war, konnten weder Unterricht und Lernen, noch die Ökonomie der Anstalt gehörig organisiert werden. Ich wollte es auch nicht. Beides sollte nicht aus einem vorgefaßten Plan, sondern aus meinem Verhältnis mit den Kindern hervorgehen. Es war überhaupt nicht das Ökonomische, nicht irgend ein Äußeres, womit ich den Anfang machen konnte und sollte, um meine Kinder aus dem Schlamm und der Rohheit ihrer früheren Umgebung heraus zu heben. *Es war nicht möglich, von Anfang an ihr Inneres durch Steifheit und Zwang einer äußeren Ordnung oder durch das Predigen von Regeln und Vorschriften zu veredeln.* Dadurch hätte ich die Kinder vielmehr von mir entfernt und ihre wilde Naturkraft unmittelbar gegen meine Zwecke gerichtet.

Notwendig mußte ich vorerst ihr Inneres selbst und eine rechtliche und sittliche Gemütsstimmung in ihnen wecken und beleben, um sie dadurch auch für die äußere Ordnung aufmerksam, geneigt, gehorsam und tätig zu machen. Ich konnte nicht anders, ich mußte auf den erhabenen Grundsatz Jesu Christi bauen: *Macht erst das Inwendige rein, damit auch das Äußere rein werde!* Und wenn je, so hat sich dieser Grundsatz in meinem Gange unwidersprechlich erprobt.

Es kam mir jetzt vor allem darauf an, die Kinder durch die ersten Gefühle des Beisammenseins und in der ersten Entwicklung ihrer Kräfte zu Geschwistern zu machen, das Haus in den einfachen Geist einer großen Haushaltung zusammenzuschmelzen und auf der Basis eines solchen Verhältnisses und der aus ihm hervorgehenden Stimmung das rechtliche und sittliche Gefühl allgemein zu beleben.

Ich erreichte dieses Ziel mit ziemlichem Glück. Man sah bald siebzig verwilderte Bettelkinder mit einem Frieden, mit einer Liebe, mit einer Aufmerksamkeit und Herzlichkeit beisammen leben, wie es in wenigen kleinen Haushaltungen zwischen Geschwistern zu finden ist.

Meine Handlungsweise ging von dem Grundsatz aus:

Such deine Kinder zuerst weitherzig zu machen und ihnen durch die Befriedigung ihrer täglichen Bedürfnisse Liebe und Wohltätigkeit ihrer Empfindung, ihrer Erfahrung und ihrem Tun nahezulegen, sie dadurch in ihrem Inneren zu stärken und zu sichern,

dann ihnen viele Fertigkeiten anzugewöhnen, um dieses Wohlwollen in ihrem Kreise sicher und nachhaltig ausüben zu können.

Endlich und zuletzt komme mit den gefährlichen Zeichen für Gut und Böse, mit den Wörtern. Knüpfe diese an die täglichen Auftritte und Ereignisse an und sorge dafür, daß sie ganz darauf gegründet seien, um deinen Kindern klarer zu machen, was in ihnen und um sie vorgeht, und um eine rechtliche und sittliche Ansicht ihres Lebens und ihrer Verhältnisse mit ihnen zu erzeugen.

Aber wenn du Nächte durchwachen müßtest, um mit zwei Worten zu sagen, was andere mit zwanzig erklären, so traure deinen schlaflosen Nächten nicht nach.

Ich habe meinen Kindern unendlich wenig erklärt. Ich habe sie weder Moral noch Religion gelehrt. Aber wenn sie still waren, daß man eines jeden Atemzug hörte, dann fragte ich sie: «Werdet ihr nicht vernünftiger und braver, wenn ihr so seid, als wenn ihr lärmet?» Wenn sie mir um den Hals fielen und mich Vater hießen, fragte ich sie: «Kinder, dürft ihr eurem Vater heucheln? Ist es recht, mich zu küssen und hinter meinem Rücken zu tun, was mich kränkt?» Wenn vom Elend des Landes die Rede war, und sie froh waren und sich glücklich fühlten, dann sagte ich zu ihnen: «Ist Gott nicht gut, der das Menschenherz mitleidig erschaffen hat?»

Oft schilderte ich ihnen das Glück einer stillen, friedlichen Haushaltung, die durch Überlegung und Fleiß zu sicherem Brot und in die Lage gekommen ist, unwissenden, unerzogenen und unglücklichen Menschen zu raten und zu helfen. Manche fragte ich schon in den ersten Monaten: «Möchtest du nicht auch gerne wie ich im Kreise armer Unglücklicher leben, sie erziehen, sie zu gebildeten Menschen machen?» Gott, wie sich ihre Gefühle erhoben, wie Tränen in ihren Augen waren, wenn sie mir antworteten: «Jesus Maria! wenn ich es auch dahin bringen könnte!» Über alles erhob sie die Aussicht, nicht lebenslänglich elend zu bleiben, sondern einst unter ihren Mitmenschen mit gebildeten Kenntnissen und Fertigkeiten zu erscheinen, ihnen nützlich werden zu können und ihre Achtung zu genießen. Sie fühlten, daß ich sie weiter bringe als andere Kinder. Sie erkannten den inneren Zusammenhang meiner Führung mit ihrem künftigen Leben lebhaft, und eine glückliche Zukunft stellte sich ihnen als erreichbar und sicher dar. Darum wurde ihnen die Anstrengung bald leicht. Ihre Wünsche und ihre Hoffnungen stimmten mit dem höheren Zweck derselben überein. Freund, Tugend entkeimt aus dieser Übereinstimmung gleich wie die junge Pflanze aus der Übereinstimmung des Bodens mit der Natur und den Bedürfnissen ihrer zartesten Fasern. Ich sah in den Kindern eine innere Kraft aufwachsen, deren Allgemeinheit meine Erwartung weit übertraf und deren Äußerungen mich oft erstaunten und rührten.

Als Altdorf niederbrannte, versammelte ich sie um mich und sagte zu ihnen: «Altdorf ist verbrannt. Vielleicht sind in diesem Augenblick hundert Kinder ohne Obdach, ohne Nahrung, ohne Kleidung. Wollt ihr nicht unsere gute Regierung bitten, daß sie etwa zwanzig dieser Kinder in unser Haus aufnehme?» Ich sehe die Rührung, von der ihre Antwort begleitet war, noch jetzt vor meinen Augen: «Ach ja, ach mein Gott ja!» «Aber Kinder», sagte ich dann, «denket dem nach, was ihr begehrt. Unser Haus hat nicht soviel Geld, wie es will. Es ist nicht sicher, daß wir um dieser armen Kinder willen mehr bekommen als bisher. Ihr könntet also in die Lage kommen, für diese Kinder mehr arbeiten zu müssen, weniger zu essen zu bekommen und sogar eure Kleider mit ihnen teilen zu müssen. Saget also nicht, daß ihr diese Kinder wünscht, außer wenn ihr euch alles dies um ihrer Not willen gern und aufrichtig gefallen lassen wollt.»

Ich sagte dies mit aller Stärke, die mir möglich war, und ich ließ sie selber wiederholen, was ich gesagt hatte, um sicher zu sein, daß sie deutlich verstehen, wohin ihr Anerbieten führt. Aber sie blieben standhaft und wiederholten: «Ja ja, wenn wir auch schlechter zu essen bekommen und mehr arbeiten und unsere Kleider mit ihnen teilen müssen, so freut es uns doch, wenn sie kommen.»

Als einige emigrierte Bündner mit einer stillen Träne mir einige Taler für sie in die Hand drückten, ließ ich die Männer nicht gehen; ich rief die Kinder herbei und sagte: «Kinder, diese Männer sind aus ihrer Heimat geflohen und wissen vielleicht morgen nicht, wo sie selber ein Obdach und Auskommen finden werden, und doch geben sie in ihrer eigenen Not euch diese Gabe. Kommt, danket ihnen.» Die Rührung der Kinder erregte lautes Schluchzen bei den Männern.

So war es, daß ich belebte Gefühle jeder Tugend dem Reden über die Tugend vorangehen ließ. Denn ich hielt es für böse, mit den Kindern von irgend einer Sache zu reden, von der sie nicht auch wissen, was sie sagen.

Die erste Epoche des Nachdenkens wird bei Kindern durch einen wortreichen, ihrer Geistesbeschaffenheit und ihren Lebensverhältnissen nicht angepaßten Unterricht nur verwirrt.

Nach meiner Erfahrung hängt alles davon ab, daß sich jeder Lehrsatz den Kindern durch das Bewußtsein der Übereinstimmung mit ihren realen Erfahrungen als wahr erweist.

Die Wahrheit ohne einen solchen Hintergrund ist für sie ein bloßes, ihnen meistens unangemessenes und lästiges Spielwerk.

Die eigentlichen Vorteile der menschlichen Kenntnisse und des Wissens bestehen in der Sicherheit der Fundamente, von denen sie ausgehen und auf denen sie beruhen. *Der Mensch, der viel weiß, muß sorgfältiger als jeder andere zur Einigkeit mit sich selbst, zur Harmonie seines Wissens mit seinen Verhältnissen und zur ebenmäßigen Entwicklung aller seiner Seelenkräfte geführt werden.* Wo dies nicht geschieht, wird sein Wissen in ihm selber zu einem Irrlicht, welches Zerrüttung in sein Innerstes bringt und ihm äußerlich jenen Lebensgenuß raubt, den ein einfacher, gerader Sinn dem gewöhnlichen Menschen gewährt.

Aus:

Wie Gertrud ihre Kinder lehrt,

ein Versuch, den Müttern Anleitung zu geben, ihre Kinder selbst zu unterrichten, in Briefen [1]

1801

In Burgdorf, wo Pestalozzi von 1800 bis 1804 Kinder unterrichtet und Lehrer ausbildet, entsteht die Schrift, die den Namen des Autors weit über die Landesgrenzen hinausträgt. Die hohe Aktualität der vierzehn Briefe liegt darin, daß das unterrichtsmethodische Denken eine entschiedene Wendung und Neuorientierung erfährt. Am Beispiel der Verstandesbildung wird gezeigt: Das Tun des Lehrers hat sich nicht mehr in erster Linie nach dem Unterrichtsstoff auszurichten, sondern nach den Gesetzmäßigkeiten der Verstandes-Entwicklung und der Lernweise des Kindes. (Pestalozzi glaubt, das Urmodell des Lernens gefunden zu haben.) Diese Kehrtwendung ist seither das Grundmotiv aller echten Unterrichts-Reform und muß, unter Berücksichtigung der modernen Psychologie, stets von neuem vollzogen werden [2].

—

Aus dem 1. Brief:

Der Unterricht beginnt für das Kind mit der Stunde seiner Geburt. Sobald nämlich die Sinne des Kindes für die Eindrücke aus der Umwelt empfänglich werden, beginnt das natürliche Lernen. Was keimhaft im jungen Lebewesen angelegt ist, wird durch die Fähigkeit, Eindrücke zu empfangen, geweckt. Es ist das Erwachen des tierischen Wesens, das Mensch werden will und soll und mit allen seinen Kräften und Trieben nach Selbstentwicklung hascht.

Aller Unterricht ist nichts anderes als die Kunst, diesem Haschen der menschlichen Natur nach ihrer eigenen Entwicklung Hilfe zu leisten. Und diese Kunst beruht wesentlich darauf, daß die dem

[1] Kritische Ausgabe, Band 13.
[2] Siehe W. Guyer, a. a. O. S. 111 ff.

Kinde einzuprägenden Eindrücke mit dem Grade seiner entwickelten Kraft in Übereinstimmung gebracht werden. Für die Eindrükke, die dem Kinde durch den Unterricht vermittelt werden müssen, gibt es also notwendigerweise eine bestimmte Reihenfolge, die mit dem Anfang und den Fortschritten der zu entwickelnden Kräfte des Kindes genau Schritt halten soll. Die Erforschung dieser Reihenfolge und insbesondere der Anfangspunkte, von denen die Entwicklung des menschlichen Geistes ausgeht, ist der einfache und einzige Weg, auf dem wir zu Unterrichtsbüchern gelangen, die den Bedürfnissen des Kindes zu entsprechen vermögen. Bei der Schaffung solcher Bücher kommt es wesentlich darauf an, den Unterricht in allen Teilen den steigenden Kräften und dem Alter der Kinder genau anzupassen. Nichts, wozu sie fähig sind, soll ihnen vorenthalten werden. Sie sollen aber auch nicht mit Aufgaben belastet werden, die ihre Fähigkeit übersteigen und sie verwirren. Das wurde mir klar: Dem Kinde müssen Sachkenntnisse und Sprechvermögen beigebracht werden, lange bevor man anfängt, mit ihm zu buchstabieren. Schon im frühesten Alter ist eine psychologische Führung zur vernünftigen Anschauung aller Dinge der Umgebung nötig.

Die ersten Unterrichtsbücher müssen dem Erkenntnisvermögen der Kinder entsprechen. Sie müssen ihnen für den ganzen Umfang ihres Bewußtseins und ihrer Erfahrungen Worte und Sprache geben.

Es wurde mir mit jedem Tag klarer, daß man in den jüngeren Jahren mit den Kindern nicht raisonieren[1] *soll. In der Entwicklung ihrer Geisteskräfte muß man sich vielmehr darauf beschränken:*

1. *den Kreis der Anschauung immer mehr zu erweitern;*
2. *ihnen die zum Bewußtsein gebrachten Anschauungen bestimmt, sicher und unverwirrt einzuprägen;*
3. *ihnen für alles, was sie ins Bewußtsein aufgenommen haben, umfassende Sprachkenntnis zu geben.*

Der frühe Besitz eines ausgedehnten Wortschatzes ist für die Kinder von unschätzbarem Wert. Das Einprägen der Namen macht ihnen die Sachen unvergeßlich.

Das Kind muß reden lernen, bevor es zum Lesen geführt werden kann.

[1] raisonieren = Sachen durchdenken, Theorie entwickeln.

Um die Kinder zur Vernunft und auf die Bahn des selbständigen Denkens zu bringen, muß man verhüten, daß sie ihr Maul in den Tag hinein brauchen und über Dinge schwatzen, die sie nicht kennen. Der Zeitpunkt des ersten Lernens ist nicht der Zeitpunkt des Urteilens. Die Urteilsfähigkeit reift erst in der Vollendung des Lernens. *Jedes Urteil, das für den, der es ausspricht, innere Wahrheit haben soll, muss in umfassender Sachkenntnis gegründet sein.*

Aus dem 4. Brief:

Der Mensch wird nur durch die Kunst der Erziehung und des Unterrichtes ganz Mensch. Aber diese Kunst muß sich in allem, was sie tut, fest an den einfachen Gang der Natur anschließen.

Das Wesen der Natur ist unerschütterlich und ewig. So unermeßlich das Resultat der Erziehung und des Unterrichtes ist, so klein ist das, was durch menschliches Können dem Gang der Natur hinzugefügt wird.

Der Mensch ist in der Entfaltung seiner Kräfte den gleichen Gesetzen unterstellt wie die übrigen Lebewesen. Ich suchte die Gesetze, nach denen sich der menschliche Verstand entwickelt, und sagte mir: *Kein menschliches Urteil ist reif, das nicht in allen Teilen das Ergebnis einer vollendeten Anschauung des zu beurteilenden Gegenstandes ist.*

Lerne deshalb zuerst, deine Anschauungen zu ordnen. Vollende das Einfache, bevor du dich einem verwickelten Sachverhalt zuwendest. Suche eine Stufenfolge der Erkenntnis, in welcher jeder neue Begriff nur ein kleiner Zusatz zu den bereits gewonnenen und fest eingeprägten Erkenntnissen ist.

Bringe alle zusammengehörenden Dinge in eben den Zusammenhang, in welchem sie sich in der Natur wirklich befinden. Unterordne das Unwesentliche dem Wesentlichen.

Verstärke und verdeutliche die Eindrücke von wichtigen Gegenständen, indem du sie durch mehrere Sinnesorgane auf dich wirken lässest.

Alle diese Gesetze, denen die Entwicklung des menschlichen Verstandes unterworfen ist, haben ihren Mittelpunkt in uns selber. Alles, was ich bin, alles, was ich will, alles, was ich soll, geht von mir selbst aus. Sollte nicht auch meine Erkenntnis von mir selbst ausgehen?

Aus dem 5. Brief:

Die Naturgesetze, aus denen sich der Faden einer allgemeinen und psychologischen Unterrichtsmethode herausspinnen läßt, haben eine dreifache Quelle:

Die erste Quelle ist die Natur selber, die unsern Verstand von dunkeln Anschauungen zu deutlichen Begriffen aufsteigen läßt.

Aus dieser Quelle gewinnen wir folgende Grundsätze:

- Alle Dinge, die meine Sinne berühren, ermöglichen mir zutreffende Einsichten nur insofern, als sie ihre wesentliche Beschaffenheit und nicht nur ihr augenblickliches, der Veränderung unterworfenes Bild erkennen lassen.
- Durch das Zusammenstellen von Gegenständen, deren wesentliche Beschaffenheit die gleiche ist, wird die Einsicht vertieft und allgemein erweitert, geschärft und gesichert. Die zufälligen, dem Wechsel unterworfenen Eigenschaften der Gegenstände werden als solche erkennbar. Sie lassen sich als nebensächliche den hauptsächlichen Eigenschaften unterordnen. Je mehr sich der Mensch die hauptsächlichen, wesentlichen Eigenschaften der Gegenstände zu eigen macht, umso weniger wird er durch Nebensächliches und Zufälliges verwirrt.
- *Das Anschauungsbild auch eines schwierigen Gegenstandes besteht aus einfachen Grundteilen. Wer diese erfaßt, für den wird auch das Schwierige einfach.*
- *Durch je mehr Sinne du die wesentlichen Erscheinungen eines Gegenstandes erforschest, umso richtiger wird deine Sachkenntnis.*

  Vollendung ist das größte Gesetz der Natur. Alles Unvollendete ist nicht wahr.

Die zweite Quelle ist die mit dem Anschauungsvermögen verbundene Sinnesabhängigkeit des Verstandes. Aber: Unsere sinnliche Natur läßt uns schwanken zwischen der Neigung, alles zu kennen und alles zu wissen, und der Neigung, alles in Oberflächlichkeit und Trägheit zu genießen.

Die dritte Quelle liegt im Verhältnis zwischen meiner äußeren Lebenslage und meinem Erkenntnisvermögen.

Der Mensch ist an sein Nest gebunden. Und wenn er es an hundert Fäden hängt und mit hundert Kreisen umschreibt, so tut er es gleich der Spinne, die ihr Nest auch an hundert Fäden hängt und mit hundert Kreisen umschreibt. Der Mensch und die Spinne: beide sitzen im Mittelpunkt ihres Kreises, den sie umschreiben. Aber der Mensch wählt den Mittelpunkt seines Lebenskreises nicht einmal selber. Und er erkennt als physisches Wesen alle Wahrheit der Welt nur in dem Maße, wie sich die Gegenstände der Welt seinem Mittelpunkte nähern.

Aus dem 6. Brief:

Lange suchte ich nach dem psychologischen Ursprung aller Kunstmittel des Unterrichts und war überzeugt, daß es nur auf diesem Wege möglich sei, die naturgemäße Form für die Ausbildung des Menschen zu finden. Diese Form ist in der allgemeinen Einrichtung unseres Geistes begründet, die bewirkt, daß unser Verstand die Sinneseindrücke zu Begriffen verarbeitet.

Jede Linie, jedes Maß, jedes Wort ist ein Resultat der Verstandestätigkeit und dient der zunehmenden Verdeutlichung unserer Begriffe.

Die Welt liegt zunächst als eine ungeordnete Fülle von Anschauungsbildern vor unsern Augen. Sache des Unterrichtes ist es, die Verwirrung, die in dieser Bilderfülle liegt, zu überwinden, das heißt, die Bilder der einzelnen Gegenstände voneinander zu trennen, dann die ähnlichen und zusammengehörenden wieder miteinander zu verbinden, sie dadurch klar erkennbar zu machen und zu deutlichen Begriffen zu erheben.

So führt unser Erkennen von der anfänglichen Verwirrung zur Tätigkeit des Unterscheidens und weiter zur Klarheit und Deutlichkeit der Begriffe.

Dieser Vorgang untersteht dem großen Gesetz, wonach die Klarheit des Erkennens davon abhängt, ob die Gegenstände unseren Sinnen nahe oder ferne liegen. Was weit entfernt liegt, kann durch die Sinne nicht klar und deutlich erfaßt werden. Klar und deutlich wird nur das, was den fünf Sinnen nahe liegt.

Wie muß sich ein gebildeter Mensch benehmen, wenn er sich mit einem ihm noch fremden Gegenstand auseinandersetzen und ihn sich klarmachen will? Er wird sein Augenmerk auf folgendes richten müssen:

1. Wieviele und wie vielerlei Gegenstände sind es?
2. Wie sehen sie aus; wie ist ihre Form?
3. Wie heißen sie?

Daraus ergibt sich: *Zahl, Form und Name sind gemeinsam die Elementarmittel des Unterrichts.* Sie vermitteln dem Bewußtsein die ganze Summe der äußern Merkmale eines Gegenstandes.

Der Unterricht muß also

1. die Kinder lehren, jeden Gegenstand, der vor ihren Sinnen steht, als Einheit und von andern Gegenständen gesondert ins Auge zu fassen;
2. Form, Maß und Maßverhältnisse des Gegenstandes erkennen lehren und
3. die Kinder so früh als möglich mit den Namen der Gegenstände und mit allen Wörtern, die zur Bezeichnung der Merkmale dieser Gegenstände nötig sind, bekanntmachen.

Aus dem 9. und 10. Brief:

Freund! Wenn ich jetzt zurücksehe und mich frage: was habe ich eigentlich für die Unterrichtung des Menschen geleistet? – so finde ich: *Ich habe als den wichtigsten Grundsatz des Unterrichts festgelegt, daß die Anschauung das absolute Fundament aller Erkenntnis ist.*

Meine Methode zielt dahin, den Kindern die Grundlagen eines Faches einleuchtend zu machen. *Auf jeder Stufe des Lernens muß das Kind dazu geführt werden, sich die erworbenen Kenntnisse bis zur Vollendung anzueignen, so nämlich, daß es das, was es gelernt hat, einem jüngern Geschwister auch beibringen könnte.*

Jede wissenschaftliche Lehre, deren Definitionen den Kindern fertig, aber unverstanden in die Seele gezaubert oder wie durch Theater-Souffleure in die Ohren geblasen werden, wird zwangsläufig zu einer elenden Komödianten-Bildungsmanier. Da, wo die Grundkräfte des menschlichen Geistes schlafen gelassen und auf die schlafenden Kräfte Worte gepfropft werden, da bildet man Träumer.

Der Gang der Natur in der Entwicklung der menschlichen Kräfte bleibt sich stets gleich. Es kann nicht zwei gute Unterrichtsmethoden geben. Gut ist nur jene, die vollkommen mit den unveränderlichen Gesetzen der Natur übereinstimmt. Schlechte Methoden gibt es viele. Sie sind schlecht im Grade ihres Abweichens von den Gesetzen der Natur. *Ich weiß wohl: Die vollkommene Methode fehlt uns allen. Aber wir müssen alle Kräfte daran setzen, uns ihr zu nähern.*

Möchten die Menschen doch einmal daran festhalten, daß der Unterricht entwickelte Fähigkeiten und klare Begriffe zum Ziele haben muß!

Klare Begriffe hat das Kind erst dann, wenn seine Erfahrung zur weiteren Klärung derselben nichts mehr beizutragen vermag.

Definitionen stehen nicht am Anfang, sondern am Ende der Begriffsklärung. Zunächst müssen die betreffenden Gegenstände in einer dem kindlichen Verstande angemessenen Weise nahegebracht werden, und zwar so, daß sich das Kind über die Beschaffenheit der Dinge zutreffend ausdrücken lernt. Nur auf diesem Wege soll es zu Definitionen hingeführt werden. Denn Definitionen sind nichts anderes als der reinste Ausdruck klarer Begriffe. Sie enthalten für das Kind nur Sinn und Wahrheit, wenn es sich des sinnlichen Hintergrundes der Begriffe klar bewußt ist. Wo dies fehlt, da lernt es nur, sich mit Worten selbst zu täuschen.

Schwämme wachsen beim Regenwetter schnell aus jedem Misthaufen. Auf die gleiche Weise erzeugen Definitionen ohne das Fundament der Anschauung ebenso schnell ein schwammiges Wissen, das sich bald genug in nichts auflöst.

Das beste Mittel zur Verhütung von Verwirrung und Oberflächlichkeit in der Begriffsbildung liegt also darin, dem Kinde die grundlegenden Sinneseindrücke von den wesentlichsten Gegenständen unseres Denkens mit aller Sorgfalt zu vermitteln.

Aus dem 13. und 14. Brief:

Freund! Ich will meine Briefe nicht enden, ohne den Schlußstein meines Werkes, nämlich die Frage zu berühren: *Wie hängt das Wesen der Gottesverehrung mit den Grundsätzen zusammen, die* ich im Hinblick auf die menschliche Entwicklung als gültig er*achte?*

Ich suche Aufschluß in mir selbst und frage mich: *Wie entkeimt der Begriff von Gott in meiner Seele? Wie kommt es, daß ich an einen Gott glaube, daß ich mich in seine Arme werfe und mich selig fühle, wenn ich ihn liebe, wenn ich ihm vertraue, wenn ich ihm danke und ihm folge?*

Das sehe ich bald: Die Gefühle der Liebe, des Vertrauens, des Dankes und die Fertigkeiten des Gehorsams müssen in mir entwickelt sein, noch bevor ich sie auf Gott anwenden kann. *Ich muß*

Menschen lieben, ich muß Menschen vertrauen, ihnen dankbar und gehorsam sein, bevor ich fähig werde, Gott zu lieben, Gott zu danken, ihm zu vertrauen und zu gehorchen.

So frage ich mich denn: Wie komme ich dahin, Menschen zu lieben und ihnen zu vertrauen, Menschen zu danken und zu gehorchen? Ich finde: *Dies alles hat seinen Anfang im Verhältnis zwischen dem unmündigen Kind und seiner Mutter.*

Die Mutter, von der Kraft ihrer mütterlichen Natur getrieben, pflegt und nährt ihr Kind und schützt es. Sie befriedigt seine Bedürfnisse, hält Unangenehmes von ihm fern und kommt seiner Hilfsbedürftigkeit zu Hilfe. Dadurch wird der Keim der Liebe im Kinde zur Entfaltung gebracht. Wenn sich das Kind fürchtet, wenn es weint, drückt es die Mutter an ihre Brust, bis sein Weinen aufhört. Das Kind erwidert das Lächeln der Mutter. Sein Vertrauen erwacht.

Die Mutter stillt den Hunger des Kindes und seinen Durst. Wenn es sie kommen hört, weint es nicht mehr. Es streckt die Hände nach ihr aus. Mutter und Gesättigtwerden sind für das Kind eins. Das Gefühl des Dankes entsteht.

Die Keime der Liebe, des Vertrauens und des Dankes entfalten sich bald. Wer der Mutter lieb ist, den lernt das Kind auch lieben. So entsteht die Bruderliebe in ihm.

Aus Gehorsam und Liebe, Dank und Vertrauen entstehen die ersten Regungen des kindlichen Gewissens und des Gefühls für Pflicht und Recht.

Der Glaube an Gott hat die gleiche Quelle wie die Anhänglichkeit des Unmündigen an seine Mutter.

Es kommt die Zeit, da das Kind sich von der Hand der Mutter löst. Die keimende Eigenkraft regt sich in ihm und läßt es ahnen: ich brauche die Mutter nicht mehr. Die verstehende Mutter aber drückt es an ihr Herz und sagt ihm: Kind! Es ist ein Gott, den du nötig hast, wenn du meiner nicht mehr bedarfst. Er schützt dich, wenn ich dich nicht mehr zu schützen vermag. Das Kind, das nun an das Auge Gottes glaubt wie an das Auge der Mutter, tut jetzt um Gottes willen recht, wie es bisher um der Mutter willen recht getan hat.

Aber die Welt, in die das Kind jetzt eintritt, ist nicht Gottes erste Schöpfung; es ist eine verdorbene Welt voll Krieg und Selbstsucht, voll Widersinnigkeit, Gewalt und Anmaßung, Lug und Trug.

Armes Kind! Dein Wohnzimmer ist deine Welt. Aber dein Vater ist an seine Werkstatt gebunden. Deine Mutter hat heute Verdruß, morgen Besuch, übermorgen ihre Launen. Du hast Langeweile und streitest mit deiner Schwester um Spielzeug. Armes Kind, welch' ein elendes Ding ist deine Welt!

Es ist unbegreiflich, daß die Menschheit diese Quelle ihres Verderbens nicht kennt und sich nicht darum bemüht, sie zu stopfen. Sie müßte alles tun, um in dieser gefährlichen Zeit die von Gott gegebenen Mittel zu unserer geistigen und sittlichen Veredlung vorzüglich zu pflegen.

Meine Erziehungsweise geht von den natürlichen Verhältnissen aus, die zwischen Mutter und Kind bestehen. Sie tut alles, damit der Keim der edleren Gefühle nicht verödet, wenn sich das Kind allmählich von der Hand der Mutter löst. Sie will dem Kinde seine Mutter wieder geben. Mehr als dies: Sie zeigt der Mutter den Weg, auf dem das Kind zur Einsicht und zur Selbständigkeit in allem, was Recht und Pflicht ist, gebracht werden kann.

Mutter! wenn ich dich liebe, so liebe ich Gott. Wenn ich dich vergesse, so vergesse ich Gott. Dann hat der Arme keine Hilfe von mir zu erwarten. Ich lebe dann – wie der Löwe – für mich. Dann ist kein Vatersinn in meiner Seele.

Der einzige Adel des Menschen liegt darin, daß er auf die göttliche Stimme in seinem Innern hört und sie befolgt: Nicht mir lebe ich, sondern den Brüdern!

Aus:

Denkschrift an die Pariser Freunde über Wesen und Zweck der Methode[1]

1802

Die Unterrichts-Theorie in «Wie Gertrud ihre Kinder lehrt» findet hier, im Jahr danach, eine bemerkenswerte Vertiefung, insbesondere durch den Begriff der inneren Übereinstimmung der menschlichen Kräfte, die in Erziehung und Unterricht anzustreben ist.

Das Wort «Methode» wird erstmals durch den Ausdruck «Elementarbildung» ersetzt, der in allen folgenden Schriften beibehalten wird.

Pestalozzi, 1792 zum französischen Bürger ernannt, hat begründete Hoffnung, es werde in Paris mit Unterstützung durch hochgestellte Persönlichkeiten eine Schule in seinem Sinne entstehen.

—

Was ist denn eigentlich meine Methode?

Schon lange suche ich das Wort, mit dem ich die Antwort einfach und bestimmt geben könnte. Aber ich fand es noch nicht, weil die Methode noch nicht vollendet ist. Ich kenne sie noch nicht in ihrem Zusammenhang, sondern erst in ihren Bruchstücken. Freilich ketten sich diese Bruchstücke immer mehr aneinander. Größere Zusammenhänge werden sichtbar, und in verschiedenen Teilen nähert sich die Methode ihrer Vollendung.

So, wie ich es jetzt sehe, beruht die Methode wesentlich auf der Organisation einer Reihenfolge von Mitteln, durch welche die natürlichen Anlagen des Menschen allgemein und harmonisch entwickelt werden können. Dabei ist insbesondere auf folgendes zu achten:

Wenn die menschlichen Anlagen durch die Kunst des Unterrichts entwickelt werden sollen, darf nichts verfrüht geschehen.

[1] Kritische Ausgabe, Band 14.

Vielmehr hat alles Unterrichtliche an jenen Punkt anzuknüpfen, den die natürliche Entwicklung bereits erreicht hat.

Nun muß der Mensch nicht nur wissen, was wahr ist. Er muß auch noch können und wollen, was recht ist. Diesem Grundsatz entspricht die Gliederung der Elementarbildung in drei Teile:

1. In die intellektuelle Elementarbildung. Sie hat die Aufgabe, die verstandesmäßigen Anlagen zu entwickeln und jene Fertigkeiten auszubilden, die der Mensch zur Erreichung und Sicherung seiner intellektuellen Selbständigkeit nötig hat.

2. In die physische Elementarbildung. Sie hat die Aufgabe, die körperlichen Anlagen zu entwickeln und jene Fertigkeiten auszubilden, die der Mensch für seine physische Selbständigkeit und Sicherheit nötig hat.

3. In die sittliche Elementarbildung. Sie hat die Aufgabe, die Anlagen des Herzens zu entwickeln und zu jenen Fertigkeiten zu erheben, die der Mensch zur Gewinnung seiner sittlichen Selbständigkeit nötig hat.

Diese drei Teile müssen aber, miteinander verbunden, als ein Ganzes genommen werden, wenn der Sinn der Elementarbildung nicht verloren gehen soll. Er geht verloren, wenn ein Teil allein als Aufgabe gesehen und behandelt wird. Dies führt zu einer einseitigen Routine-Erziehung ohne genügendes Fundament und ohne Übereinstimmung mit der menschlichen Natur. Die Selbständigkeit, die daraus resultiert, ist die Scheinselbständigkeit eines Verstandesnarren, eines Körper- und eines Herzensnarren.

Es gibt eine große Zahl einseitig gebildeter Verstandesmenschen, deren verbildeter Verstand mit einer unbegrenzten Herzlosigkeit verbunden ist und die ohne Rücksicht auf Wahrheit und Recht nichts Gutes, aber unermeßlich viel Böses tun. Es gibt in allen Ständen des Volkes eine unglaublich große Menge Verstandesbestien, die unter dem Schutz der Landesgesetze genährt und großgezogen werden. Sie genießen einen unverhältnismäßig großen Spielraum. Mit ihrer schamlosen und kalten Selbstsucht, mit ihrer Untreue, Lieblosigkeit und Gewalttätigkeit zerstören sie das Glück ihrer Mitmenschen. Dazu gehört die Neigung, alle Verstandeskraft zur Aneignung ökonomischer Vorteile zu verwenden. Menschen mit dieser Neigung möchte ich Verstandesesel nennen.

Ihre Seele verliert sich selber, indem sie alle ihre Kraft in Geld umprägt.

Eine ähnliche Verirrung besteht in der einseitigen Entwicklung der physischen Kräfte. Diese verleitet mich dazu, reiten zu wollen, obschon ich kein Roß habe, und tanzen zu wollen, obschon ich keine Tänzerschuhe zu kaufen vermag. Es gibt eine physische Verbildung, die Gewaltbestien erzeugt. Sie sind so zahlreich wie die Verstandesbestien und in allen Volkskreisen zu finden. Sie treten einzeln und in Verbindungen auf und haben in der Ordnung des Staates kaum ein wirksames Gegengewicht. Jede Einrichtung, die einseitig auf Gewalt gebaut ist, hat in sich selbst kein Gegengewicht gegen den Mißbrauch der Gewalt. Die Gewalt aber ist ihrer Natur nach ewig gegen das Recht.

Sittlich verbildet, ist der Mensch gleichfalls ein Scharlatan, eine Bestie und ein Esel. Alles, was nicht aus Liebe, Dankbarkeit und Vertrauen getan wird, zeugt nicht von Sittlichkeit, ist bloße Sittlichkeits-Vorspiegelei. Alles, was nicht von einem lebendigen Gefühl für Schönheit, Ordnung und Ruhe ausgeht, ist nicht wahr. Es gibt Menschen, welche Gott und die Liebe stets im Munde tragen und im Namen Gottes und der Liebe in Dorf und Stadt Witwen und Waisenkinder bedrängen und dem Schwachen die Hilfe versagen. Es gibt Menschen, die Gott, Wahrheit und Liebe auf den Dächern predigen, aber eifrig bemüht sind, dem Volke zu verheimlichen, was ihm an Unrecht geschieht. Es sind die gleichen, die von jeher die Männer der Wahrheit, so als wären sie Feinde Gottes und des Volkes, verfolgt, verleumdet und gesteinigt haben, um ihnen, nachdem sie sie getötet, ein Grabmal zu errichten.

Das ist es, was die Einseitigkeit der Menschenbildung herausbringt: Grimassen-Menschen, die als elende Opfer der Verbildung nicht einmal einen Einseitigkeitswert haben.

Je höher die Einseitigkeitskünste eines Volkes getrieben werden, umso tiefer versinkt es in seiner Verbildung.

Nichts anderes rettet Europa als die entschiedene Zuwendung zu den Grundsätzen, die mit der Menschennatur übereinstimmen.

Nichts anderes rettet Europa als die Einsicht, daß intellektuelle, physische und sittliche Bildung miteinander übereinstimmen und, zu einem Ganzen verbunden, als eine in der Menschennatur begründete Einheit angesehen werden müssen.

Das Wesen der Elementarbildung ist die innere Übereinstimmung aller Kräfte. Und die ausgebildeten Kräfte müssen den Bedürfnissen untergeordnet werden, die in der individuellen Lebenslage des Menschen gegeben sind. So muß, als Beispiel genommen, jeder Mensch durch eine gute physische Elementarbildung so weit gebracht werden, daß er keine Art von Arbeit und Kraftanstrengung zu scheuen braucht, die er zu seiner physischen Selbständigkeit benötigt. Physische Selbständigkeit aber ist ein wirksamer Beitrag zur bürgerlichen Selbständigkeit.

Die Grundsätze und die Mittel der intellektuellen Elementarbildung sind ohne besondere Schwierigkeit zu finden. Anders liegen die Dinge bei der sittlichen Elementarbildung. Zwar sind deren Grundsätze und Mittel jeder Mutter ins Herz geschrieben. Für uns aber sind sie schwierig und unbekannt, weil wir uns selbst unbekannt sind. Wir haben sie verloren, weil wir uns selbst verloren haben.

Wo äußere Anschauung fehlt, wird die Sprache seelenlos und leer; die Kraft des Wissens geht verloren, und es wird beinahe unmöglich, zu klaren Begriffen und zur Wahrheit zu gelangen. Für die innere Anschauung gilt das gleiche: wenn sie uns fehlt, fehlt uns ihre Kraft. *Das Wesen unserer Sittlichkeit beruht aber auf der Kraft und Reinheit unserer inneren Anschauung.* Die Welt kennt sie nicht mehr. Die Moralsysteme unserer Zeit sind gleich wie die Religion unserer Zeit auf den Sand leerer Worte und Meinungen gebaut, denen das unerschütterliche Fundament, die Kraft der inneren Anschauung fehlt.

Die Gefühle, aus denen die Keime der Sittlichkeit entspringen, bilden den Gehalt unserer inneren Anschauung. Es sind die Gefühle der Liebe, der Dankbarkeit und des Vertrauens.

Die Gesetze der sittlichen Bildung stimmen also mit den Gesetzen der intellektuellen und der physischen Elementarbildung überein. Bei der intellektuellen Elementarbildung muß der sinnliche Eindruck eines Gegenstandes gewonnen sein, bevor dem Kind das Wort, das diesen Gegenstand bezeichnet, in den Mund gelegt wird. *In gleicher Weise müssen die Gefühle, die den sittlichen Begriffen zugrunde liegen, in der Seele des Kindes lebendig werden, bevor die Worte, die sie bezeichnen, in seinen Mund ge-*

legt werden. Indessen gehören zur inneren Anschauung als Fundament der Sittlichkeit nicht nur belebte Gefühle der Liebe, der Dankbarkeit und des Vertrauens, sondern auch die Gefühle für Ordnung, für Harmonie, für Schönheit und Ruhe. Jede Lehre vom Schönen muß im Anschauungserlebnis des Schönen gegründet sein. Gleiches gilt für jede Lehre von der Ordnung und von der inneren Ruhe. Wo dies nicht geschieht, ist alle Wortlehre für die sittliche Bildung verloren. Und mehr als dies: sie wird durch das Fehlen ihres Fundamentes, durch die Seelenlosigkeit und durch den Mangel an Wahrheit zur Trug-Lehre.

Das Ganze unserer Sittlichkeit besteht in unserem vollendeten Kennen, Wollen und Können des Guten. Deshalb kommt es darauf an, daß die intellektuelle und die physische Elementarbildung mit der sittlichen in harmonische Übereinstimmung gebracht werden.

Wenn wir innere Einigkeit mit uns selbst und Übereinstimmung mit der ganzen Natur erlangen wollen, können wir uns dabei weder auf unsere Verstandesentwicklung, noch auf unsere Körperkräfte verlassen. Nein. Die Gefühle der Liebe, der Dankbarkeit, des Vertrauens, das Erlebnis des Schönen, der Harmonie und der inneren Ruhe machen es mir möglich, mich einig zu fühlen mit mir selbst. Sie machen es mir möglich, mich zu meinem Schöpfer, dem Urheber meiner Menschlichkeit zu erheben und mich in seine Arme zu werfen.

Es ist gewiß: *Die Mutter allein ist imstande, der sittlichen Bildung ihres Kindes die richtige Grundlage zu geben.* Sie kann es aber nur aus der unverdorbenen Kraft ihres Herzens tun, aus dem reinen Muttergefühl.

Aus:

Geist und Herz in der Methode[1]

1805

Die Veröffentlichung der Schriften aus der Burgdorfer Zeit ruft auch Kritiker auf den Plan. Sie argwöhnen, Pestalozzis Erziehungslehre sei einseitig auf die Förderung der Intelligenz ausgerichtet und vernachlässige Religion und Moral. Die vorliegende Schrift antwortet darauf, sprengt aber den engen Rahmen einer Rechtfertigung. Pestalozzi formuliert seinen auch für das Institut in Yverdon gültigen pädagogischen Standpunkt:

Von der gefährlichen Einseitigkeit in Erziehung und Unterricht und von der anzustrebenden inneren Übereinstimmung und Ausgewogenheit der menschlichen Kräfte ist zwar schon in der Denkschrift an die Pariser Freunde 1802 die Rede. Nun aber wird hervorgehoben, daß die sittlich-religiöse Erziehung Vorrang behält, was bereits im Stanserbrief von 1799 klar wird und später in der Neujahrsrede 1809 endgültige Bestätigung findet.

—

Das Wesen echter Bildung liegt darin, daß die Kräfte, die im Menschen angelegt sind, belebt und entwickelt werden und daß sich der Mensch seiner Kräfte und ihrer Möglichkeiten bewußt wird. Daraus erwächst sein Streben, durch Selbsttätigkeit selbständig zu werden und sich zu vervollkommnen.

Wenn es gelingt, im Menschen einen lebendigen Sinn für Selbstkraft und Selbsthilfe zu entwickeln, sind wir auf dem Wege zu einem neuen Menschsein.

Die intellektuelle Bildung allein ist durchaus nicht geeignet, das in uns zu erzeugen, was uns menschlich erhebt: Unschuld und kindlichen Sinn. Dornen bringen keine Feigen und Disteln keine Trauben hervor. Ebenso wenig trägt eine von der Herzensbildung getrennte, einseitige Verstandesbildung Früchte der Liebe. Aller

[1] Kritische Ausgabe, Band 18.

Unterricht im Dienste der Verstandesbildung muß endlich von seiner herkömmlichen Einseitigkeit und Beschränktheit befreit werden. *Wirksam im Sinne echter Menschenbildung wird die Verstandesbildung nur dadurch, daß sie der sittlichen Bildung untergeordnet wird.* Man täusche sich nicht: Verstandesbildung und Herzensbildung sind nicht von gleichem Gewicht.

Sinn der Erziehung ist das Emporheben des Menschen zum Gefühl der inneren Würde. Dieses Gefühl lebt nicht durch die Kraft unseres Verstandes, sondern durch die Kraft des Herzens in der Liebe. Zwar wird das Gefühl der inneren Würde durch die gebildete Kraft des Denkens gestärkt. Aber es gründet nicht in ihr.

Die Elementarbildung erkennt die Notwendigkeit der Unterordnung der intellektuellen unter die sittliche Bildung. Sie lehrt das Kind in allem Denken lieben und in allem Lieben denken.

Ich weiß aber wohl: Unser Zeitalter hat für diese Betrachtungsweise wenig Verständnis. Darum zögert man auch, entsprechende Maßnahmen zu ergreifen. Man bildet sich ein, einen Höhepunkt der Erziehung erreicht zu haben. Dies trifft aber nicht zu. Man gibt dem Wissen, das die Schulen vermitteln, ein Gewicht, das es auf der Waagschale unseres Daseins keineswegs hat. Man verkennt die Liebe. Aber der Mensch erhebt sich nur durch sie zur inneren Würde und Einheit seiner selbst. Ohne sie, ohne das Streben nach innerer Einheit durch die ausgebildete Kraft der Liebe, verfallen wir dem Blendwerk der einseitigen und isolierten Scheinbildung.

Wir stehen folglich vor der Notwendigkeit, die Verstandesbildung der Herzensbildung, allen Widerständen zum Trotz, unterzuordnen. Dies ist der wichtigste Gehalt der Erziehungs- und Unterrichtsreform, die wir benötigen.

Die Liebe als Urkraft der Sittlichkeit ist von der Urkraft des Verstandes völlig verschieden. Hingegen untersteht die sittliche Bildung den gleichen Gesetzen wie die Verstandesbildung: Das wirksamste Mittel der Verstandesbildung ist das Üben im Denken, nicht die Lehre über das Denken. Damit in Übereinstimmung ist das wirksamste Mittel der sittlichen Bildung das Üben im liebevollen Handeln, im Danken und im Glauben.

Das Ziel der Elementarbildung ist die Erhöhung des Menschen zur Kraft der Liebe. Deshalb kann nur da von einer wahrhaften Bildung die Rede sein, wo die Bildungsmittel auf dieses Ziel ausgerichtet sind und miteinander übereinstimmen.

Aus:

Zweck und Plan einer Armen-Erziehungsanstalt[1]

1805

Auch in der Blütezeit des Institutes in Yverdon greift Pestalozzi das Problem der Armenerziehung auf. Es hat die ersten praktischen Versuche des dreißigjährigen Mannes auf seinem Neuhof bestimmt; es hat den Fünfzigjährigen in Stans herausgefordert und zu neuen Erkenntnissen geführt; es läßt ihn bis ans Lebensende nicht los.

In dieser Schrift setzt Pestalozzi einen Wendepunkt, der auch für moderne Schulen und Heime für entwicklungsgehemmte und verhaltensgestörte Kinder bestimmend sein dürfte[2].

—

Mein Zweck ist, eine Anstalt zu errichten, die als Beispiel dessen, was die Erziehung der Armen allgemein bedarf, dastehen soll.

Man muß sich nicht täuschen: *Die Menschenbildung fordert bei Armen und Reichen wesentlich die gleichen Mittel. Die Menschennatur ist bei Armen und Reichen die gleiche.* Wer bei der Erziehung des Reichen nur das Besondere des Reichtums und seiner Folgen im Auge hat, der verfehlt das Resultat der Menschenbildung ebenso wie jener, der für die Bildung des Armen nur seine Armut ins Auge fast.

Die allgemeine Entwicklung der menschlichen Kräfte muß als das Fundament meiner Anstalt angesehen werden.

Die elementarische Entwicklung der menschlichen Kräfte ist ihrer Natur nach dreifach. Sie ist körperlich, sittlich und geistig. Alle diese drei Seiten derselben stehen im innigsten Zusammen-

[1] Kritische Ausgabe, Band 18.

Vgl. auch den Text aus: Ansichten, Erfahrungen und Mittel zur Förderung einer der Menschennatur angemessenen Erziehungsweise, Seite 41 ff.

[2] Siehe auch W. Guyer, a. a. O. S. 48.

hang untereinander. Obschon die Ausbildung einer einzelnen der drei Seiten einen Teil der menschlichen Kräfte entfalten könnte, so würde doch eine solche einseitige Entfaltung dem Bedürfnis und Zweck der Menschenbildung nicht entsprechen. Der Mensch wird nur durch die übereinstimmende Ausbildung aller seiner Kräfte seiner Vollendung näher gebracht. Er muß in physischer, intellektueller und sittlicher Hinsicht dahin gebracht werden, daß aus seinen Anlagen Kräfte entstanden sind, die ihm Zuversicht für sich selbst, Freiheit, Mut und Geschicklichkeit sichern.

Man redet von der List und Schlauheit des gemeinen Mannes und schließt daraus, er habe zu viel Aufklärung und Schulbildung. Desgleichen redet man jetzt auch vom Volksverderben, das die Industrie gebracht habe, und man meint, die Leute verdienen zuviel Geld, und es wäre für sie eine wahre Wohltat, wenn man sie darin nicht unterstützen, sondern mehr davon ablenken würde. Aber wie List und Betrug keine Beweise einer wahren Geistesbildung sind, so sind einseitige Handwerks- und Fabrikfertigkeiten, wenn sie auch Millionen Geldverdienst über ein Land verbreiten, kein Beweis einer wahren Bildung des Volkes zur Industrie. Im Gegenteil. Die berufliche Ausbildung ist nicht Bildung zu einer isolierten, elenden Fabrikfertigkeit. Der hohe, aber unausgeführte Gedanke der Volksbildung zur Industrie ist nichts anderes als eine Anwendung der Menschenbildung im Ganzen auf das besondere Fach eines Broterwerbes, und ist nur dann wirkliche Bildung zur Industrie, wenn sie alles das umfaßt, was die Menschenbildung an sich fordert.

Da die wahre Berufsbildung von der geistigen und sittlichen Bildung ausgeht, läuft das einzelne Kind nicht Gefahr, durch das Übergewicht einer speziellen beruflichen Begabung sittlich und intellektuell zu verkümmern. Es steht nicht in Gefahr, in einer Berufswut zu versinken und dabei vielleicht zwar angesehen und reich, in Zeiten des Unglücks innerlich aber elend zu werden.

Welches sind die Elemente einer Berufsbildung im Sinne der Menschenbildung? Offensichtlich ist es so: Die Ausbildung der Hand muß gesicherte Herzensbildung zu ihrem Fundament haben. Die Bildung zur Industrie geht demnach, wie die Geistes- und Herzensbildung, vom häuslichen Leben aus. *Hohe Liebe zum häuslichen Leben ist das eigentliche Band der Vereinigung aller*

Mittel der Menschenbildung. Der Wille zur beruflichen Tätigkeit hat keine reinere Basis als die, Mutter, Vater und Geschwistern Freude zu machen und ihnen, wo nötig, zu dienen und zu helfen.

Auch in dieser Hinsicht ist die Natur ewig sich selber gleich: Unglück, Not und Drang der äußeren Lebensverhältnisse lassen die Triebe der Humanität rege werden und lenken dazu hin, Geist, Herz und Hand zur Entfaltung zu bringen und dadurch die beruflichen und häuslichen Kräfte zu stärken.

Um der Idee einer guten Armenerziehung zu entsprechen, ist es vor allem notwendig, daß dem Kind des Armen nichts von dem fehlt, was Not und Armut ihm zur Entfaltung seiner häuslichen und beruflichen Kräfte geben können. Vor allem dürfen ihm Liebe und menschliche Teilnahme nicht mangeln, wodurch das Herz des Kindes angesprochen und gebildet wird. Es muß in der Anstalt Menschen finden, die es zu lieben vermag, wie es zuhause seine Eltern liebt. Es muß in der Anstalt Anregung dazu finden, denen, die anstelle von Vater, Mutter und Geschwistern mit ihm leben, an die Hand zu gehen und zu dienen, wie es ein Kind zuhause tut.

Vater- und Muttersinn müssen notwendig in die Anstalt hineingebracht werden. Sie sind die Fundamente der Humanität, und hiezu braucht es keine Scheinmenschen, sondern wahre Menschen.

Der Arme ist durch seine Lage unendlich benachteiligt. Deshalb muß die Erziehung vor allem die Folgen dieser ungöttlichen Benachteiligung beseitigen. Die Anstalt, die Menschenbildung will, hat dazu unendlich mehr Mittel als der Arme selbst.

Gleich wie im Hause guter und weiser Eltern alle Tätigkeit Liebe und alle Liebe Tätigkeit ist, – muß auch in der Erziehungsanstalt alle Tätigkeit Liebe und alle Liebe Tätigkeit sein.

Der innige Zusammenhang der intellektuellen und der sittlichen Bildung und die Unterordnung der erstgenannten unter die letztgenannte sollen in einem öffentlichen Erziehungshause ebenso ernstgenommen werden wie im gutgeführten Elternhaus. *Intellektuelle Bildung ist nur dann wahrhaft, wenn sie die sittliche Bildung fördert.*

Aus:

Ansichten, Erfahrungen und Mittel zur Förderung einer der Menschennatur angemessenen Erziehungsweise[1]

Frühe Hauptfassung 1806

Vom inneren Standort der Volksschule ist hier zunächst die Rede und von ihrem Verhältnis zur häuslichen Erziehung.

Dann folgt die Frage nach dem Lehrer, der aus der Schule das macht, was sie als Ort der Menschenbildung sein soll.

—

Meine Anstalt sollte ein Fundament von Tatsachen werden, durch welche ich die Menschen um mich her von der Wahrheit meiner Ansichten über Menschenbildung überzeugen und für sie interessieren könnte.

Ich wollte die Ausbildung zum Feldbau, zur häuslichen Wirtschaft und zur Industrie zusammenfassen.

So notwendig dies war, so sehr war ich davon überzeugt, daß jede Berufsbildung ohne übereinstimmende Geistesentwicklung und Herzenserhebung nicht nur unzureichend, sondern des Menschen unwürdig ist und ihn zum bloßen Werkzeug seines erniedrigten Brotverdienstes herabsetzt.

Feldbau, häusliche Wirtschaft und Industrie konnten also durchaus nicht mein Zweck sein. Bildung zur Menschlichkeit war dieser Zweck, zu dessen Erreichung ich Feldbau, häusliche Wirtschaft und Industrie nur als untergeordnete Mittel ansah.

Für diesen über alle Erwerbs-Interessen erhabenen Zweck wollte ich den ganzen Umfang der sittlichen, intellektuellen und physischen Anlagen des Menschen in ihrem gemeinsamen Mittelpunkt wohlbesorgt wissen und allen untergeordneten Zwecken voranstellen.

Bei aller Notwendigkeit eines sicheren Broterwerbs wollte ich mit Zuverlässigkeit Geist und Herz des Kindes bilden, überzeugt,

1 Kritische Ausgabe, Band 19. – Weitere Hinweise s. S. 101.

daß dadurch die ganze Existenz desselben höher gehoben wird und die Kräfte seines Broterwerbs besser gegründet sind.

Wenn ich sah, daß die große Mehrheit der Menschenmasse – ohne in ihrem Innersten entwickelte Menschlichkeit – lediglich zur Fertigkeit gewisser Handgriffe ausgebildet ist und ihre Lebenstage in einem kopf- und herzlosen Treiben solcher Handgriffe verliert, dann erwachte herzliches Mitleid in mir.

Meine Methode hat das Eigentümliche, daß sie den Menschen von der Wiege an ganz an seine nächsten Verhältnisse und an die ganze Kraft seines häuslichen Seins kettet und das Erwachen aller Kräfte seines Herzens und seines Geistes von diesem Mittelpunkt ausgehen läßt.

Sie bemächtigt sich der aufwachenden Menschenkräfte nach dem Maß der häuslichen Bedürfnisse und baut die Kräfte der Selbsthilfe und des Emporstrebens auf das Fundament des lebendigen Bewußtseins der wirklichen Verhältnisse der Umgebung.

Sie macht dem Kinde das Denken, Lieben und Handeln, sie macht ihm das Beten und Arbeiten, das gemeinschaftliche Zusammenwirken der wesentlichen Kräfte des Menschen zur Lebensform.

Dank dieser Methode lebt das Kind vom Morgen bis an den Abend im Forschen und Erkennen von untrüglichen Wahrheitsverhältnissen. Es erlangt durch die konzentrierte Belebung aller seiner Anlagen die Fähigkeit, den Weg des Lebens im Kreise seiner Mitmenschen in Liebe, Kraft und Ehre zu wandeln. Der mütterliche Sinn, die väterliche Kraft, alle Haustugenden, alle Reize der Liebe, alle Erfahrungen aus dem täglichen Leben – auch bei Leiden und Not – und alle Bildung durch Arbeit: dies alles sind von der Natur selbst gegebene Fundamente jeder wahrhaft guten Erziehung.

Die Erziehungsvorteile des häuslichen Lebens sind zwar unbestreitbar. Aber sie sind in ihrer vollen und genügenden Auswirkung selten anzutreffen. Häusliche und bürgerliche Umstände rauben vielen Eltern die notwendige Zeit, um ihre Kinder in all dem, was sie wohl verstehen, zu unterrichten.

Um den Folgen der Beschränktheit des häuslichen Unterrichts zu begegnen, errichtete man Schulen. Aber man darf von diesen nie erwarten, daß sie das Ganze der menschlichen Erziehung umfassen, daß sei für Vater und Mutter, für Wohnstube und Hausleben zur Herzens-, Geistes- und Berufsbildung alles leisten, was dafür geleistet werden soll.

Ersatz der häuslichen Erziehung können die Schulen ewig nie werden. Aber als Zugabe und Lückenbüßer derselben können sie der Welt dienen. Ihr höchstes Ziel kann nur sein, die Kraft des häuslichen Lebens für ihren Zweck zu sichern, zu erhöhen und allgemeiner wirksam zu machen. Sie können die Bildungsmittel der Überlegung, der Liebe und der Berufskraft, die im häuslichen Leben schon da sind, stärken und vervollkommnen. Wo das ist, wo die Schulen das wirken, da verdienen sie wahrlich den Dank und das Vertrauen eines jeden guten Vaters und jeder guten Mutter.

Ist der Schulmeister eines Ortes ein Mann voll Liebe, Weisheit und Unschuld, ist er ein Mann, der, seinem Berufe gewachsen, das Zutrauen von Jungen und Alten besitzt, Liebe, Ordnung und Überwindung seiner selbst höher achtet und mit mehr Anstrengung zu erzielen sucht als die Auszeichnung des Wissens,

ist er ein Mann, der mit umfassendem Blick durchschaut, was das Kind einst als Mann oder als Frau sein muß und es mit Kraft und Liebe ganz zu dem hinführt, was es einst sein soll,

so wird er durch seine Handlungsweise im eigentlichen Sinne Vater des Dorfes. Er tritt durch seine Handlungsweise selber an die Stelle des besten Vaters, der besten Mutter und nimmt für sie den Faden der Erziehung da auf, wo diese ihn nicht mehr weiterführen können.

Ein solcher Mann kann und wird den Geist eines ganzen Dorfes höher heben und seine Jugend zu Kräften und Fertigkeiten führen, die – den Bedürfnissen der Zeit angemessen – den Wohlstand des Dorfes auf Jahrhunderte gründen und sichern werden.

Steht aber im Gegenteil an diesem Platze ein eitler, selbstsüchtiger und aufgeblasener Buchstabier- und Lese-Tor, ein verdrehter und verträumter Wort- und Büchermensch, ein überheblicher Erklärer des Unerklärlichen, noch mehr, steht ein Mensch an dieser Stelle, der für seinen Beruf schlecht erzogen ist und sich einbildet, mehr zu sein als der Bauer am Pfluge, dann hat ein Dorf an ihm wahrlich nicht einen Mann des Heiles, sondern ganz gewiß einen Mann des Verderbens, und zwar eines großen und weitgreifenden Verderbens. Auch wenn die Kinder des Dorfes bei einem solchen

Mann befriedigend buchstabieren, lesen und schreiben, er bleibt für sein Dorf ein Mann des Verderbens. Unfähig, seinen Schülern wirklich an Vaterstatt dazustehen und ihre Führung an allen Segen ihrer häuslichen Bildung anzuknüpfen, untergräbt und verwirrt er mit seinem Tun und Sein alle guten Angewöhnungen und alle guten Gesinnungen derselben und zerschneidet durch seine Unnatürlichkeit die heiligsten Fäden der Natur. Sogar die Kinder rechtschaffener und guter Eltern werden in seiner Schule gedankenlos, unpraktisch und anmaßungsvoll – wie ihr Schulmeister.

Eins fällt auf: *Wir benötigen gute Schulmänner.* Wo diese fehlen, da ist aller übrige Schulumtrieb im Land das fünfte Rad am Wagen und Staub in die Augen für den Mann, der nicht sehen soll, was ihm mangelt. Wer wirklich Schulen will, die dem Volk eine gute Erziehung sichern, der muß mithelfen dafür einzutreten, daß überall im Lande Männer da sind, die imstande und willens sind, die Jugend mit Einsicht und Liebe zu aller Weisheit des Lebens und zu aller Kraft und Ordnung ihres Standes und ihrer Lage zu bilden und zu führen.

Solche Männer fallen freilich nicht aus den Wolken herab; es schneit sie nicht, es regnet sie nicht. Die Natur gibt auch dem besten Kopf und dem besten Herzen nur die Anlagen dazu. Die Menschen müssen die seltenen Anlagen, die es hiefür braucht, wie für jeden andern Beruf, entwickeln, beleben und ausbilden.

Die Bildung von guten Lehrern setzt Männer voraus, die das schon sind, was sie aus denen machen sollen, die sie bilden wollen.

Aus:

Über Körperbildung[1]

1807

Im Institut zu Yverdon wurde der Körperpflege, der turnerischen und sportlichen Betätigung der jungen Leute volle Aufmerksamkeit geschenkt.

Pestalozzi stellt alles das, was die Eltern und später die Lehrer zur Entfaltung der körperlichen Kräfte des Kindes tun können und tun sollen, in den großen Zusammenhang der Menschenbildung. Immer wieder kommt er dabei auf die Ertüchtigung zur Gewerbsamkeit zurück.

—

Sind unsere Schulen Bildungsstätten der physischen Volkskraft, so wie sie Bildungsstätten der Geistes- und Herzenskraft sein sollten?

Kann das Kind in der Schule sein natürliches Bedürfnis nach körperlicher Bewegung und Kraftanwendung gehörig befriedigen?

Das stundenlange Sitzen ist eine Gewaltübung, durch welche die physischen Kräfte des Kindes im besten Alter zu unnatürlicher Untätigkeit gezwungen werden.

Für seine körperliche Tätigkeit, für die Befriedigung seines Bewegungstriebes benötigt das Kind einen freien und vielseitigen Spielraum. Die freie, allseitige Entfaltung der körperlichen Anlagen fördert Frohsinn und Gesundheit und die Fähigkeit, im Notfall – wenn die Zeiten sich ändern – zum Pflug und zur Hacke zu greifen und Kartoffeln zu pflanzen. Kurz, *das Kind muß durch die Körperbildung dahingelangen, in den Angelegenheiten des Lebens je nach Lage und Umständen mit Kraft und Gewandtheit handeln zu können.* Aber wo fängt dieses Kraftgefühl an? Wie ist es hervorzubringen und zu sichern?

Die Natur gibt uns das Kind als ein untrennbares Ganzes, als eine organische Einheit mit vielseitigen Anlagen des Herzens, des

[1] Kritische Ausgabe, Band 20.

Geistes und des Körpers. Und sie will, daß keine dieser Anlagen unentwickelt bleibt, sondern daß sie sich alle in harmonischer Einheit entfalten. Die Entwicklung jeder Anlage ist mit der Entwicklung der anderen unzertrennlich verbunden: *Durch die Entfaltung der sittlichen Kräfte wird auch die Entfaltung der Verstandeskräfte, durch die Entfaltung der Verstandeskräfte die Entfaltung der Körperkräfte begünstigt, und umgekehrt.*

Die Natur knüpft alles dies an einen gemeinschaftlichen Mittelpunkt an. Sie unterordnet eine Übung der andern, entwickelt eine Fertigkeit aus der andern, gleich wie beim Baum der Stamm aus der Wurzel, die Äste aus dem Stamm, die Zweige aus den Ästen, die Früchte aus den Blüten hervorgehen. Nicht anders ist die Ordnung der Natur in der Entfaltung der körperlichen Kräfte. Vorerst muß das Kind Hand und Fuß sicher und kraftvoll brauchen lernen. Das Gehenlernen kommt vor dem Springen und Tanzen.
Die Körperbildung ist naturgemäß, insofern ihre Mittel und ihr Vorgehen den natürlichen Bedürfnissen des Kindes angemessen sind. Dieser Gesichtspunkt ist wichtig.

Die Anfänge der körperlichen Elementarbildung sind so leicht, so einfach und allgemein anwendbar, daß sie gar nicht als eine Kunst angesehen werden können. Jede Mutter kennt sie, jede Mutter wendet sie an. Sie läßt ihr Kind zuerst auf dem Tisch und auf der Bank aufstehen. Sie hält es an beiden Armen; dann stellt sie es auf den Boden, hält es nur an einer Hand, dann nur noch an einem Finger. Wenn es steht, wird es bald auch gehen. Arme und Beine, Hände und Füße, alle Gelenke und Muskeln werden bald auf diese, bald auf jene Weise harmonisch und in notwendiger Stufenfolge geübt. Der ganze Körper mit allen seinen Gliedern gewinnt dadurch an Stärke, Ausdauer und Sicherheit. *Diese häusliche Naturgymnastik ist die Basis einer der menschlichen Entwicklung entsprechenden Kunstgymnastik. Sie dient der Bildung des Kindes nicht nur in physischer, sondern auch in intellektueller Hinsicht, indem sie das Kind zu fester Aufmerksamkeit auf die Dinge seiner Umgebung und auf sich selber veranlaßt. Das Verhältnis seiner Körperkraft zu den Dingen der Umgebung wird ihm allmählich bewußt. Die Mutter stärkt dieses Bewußtsein, indem sie das Kind mit den Namen dieser Gegenstände bekannt macht.* Solche Übungen wecken das Kind allgemein zum freien, lebendigen

Spiel der Beobachtung. Sie bestimmen den Kreis seiner Erfahrungen und dehnen ihn aus. Sie nehmen seine Einbildungskraft, sein Erinnerungsvermögen, sein Kombinationsvermögen, seine Urteilskraft und seinen Erfindergeist in Anspruch.

Und nicht nur sein Intellekt, sondern auch sein Gemüt, sein Herz wird durch diese Übungen in Anspruch genommen und in Bewegung gesetzt. Von Vater- und Mutterliebe geleitet, festigen diese Übungen auch die Liebe des Kindes, sein Vertrauen und seine Dankbarkeit. *Physische Elementarbildung kann sich nicht damit begnügen, den Menschen physisch zu entfalten; sie muß die physische mit der intellektuellen und sittlichen Entfaltung in vollkommene Harmonie bringen.*

Das Kind ist dazu bestimmt, von den Mitteln, die es zur Entfaltung seiner Kräfte benötigt, unabhängig und damit selbständig zu werden. *Es ist ein Naturgesetz: Mit zunehmender Selbsttätigkeit des Kindes schwindet sein Bedürfnis nach Besorgung.* Die Selbstbesorgung tritt an ihre Stelle. *Von der mütterlichen Besorgung führt der Weg in abgemessener Stufenfolge zur Selbtbesorgung und zur Selbständigkeit.* Für den Übergang von der beginnenden Selbstbesorgung zur vollendeten Selbständigkeit haben die Schule und die berufliche Ausbildung zu sorgen.

Die Selbsttätigkeit des Kindes nimmt eine dreifache Richtung: sie ist moralisch die Selbsttätigkeit der Liebe; sie ist geistig die Selbsttätigkeit des Denkens; sie ist physisch die Selbsttätigkeit des Handanlegens.

Wir suchen eine Gymnastik, durch welche die Verstandesbildung, die sittliche Entwicklung wie auch die ästhetische Bildung günstig beeinflußt werden.

In körperlicher Hinsicht soll die Gymnastik im Sinn der Elementarbildung die physischen Anlagen im Kinde zu Kräften und Fertigkeiten erheben und ihm den freien, selbständigen Gebrauch derselben verschaffen und sichern. Zwar setzt sie Gesundheit voraus; sie hat sich aber auch als Mittel zur Erhaltung und Förderung der Gesundheit zu bewähren. Dabei geht es nicht nur um einzelne Fertigkeiten, sondern um das Ganze der körperlichen Anlagen und, nach Maßgabe der Anlagen, um Stärke und Gewandtheit, Ausdauer oder Abhärtung und Mut.

In intellektueller Hinsicht muß die Gymnastik im jungen Menschen ein lebendiges Bewußtsein seiner körperlichen Kräfte erzeugen, die Erkenntnis also, was er körperlich zu tun vermag und gegebenenfalls auch zu tun genötigt ist.

In ästhetischer Hinsicht muß die Gymnastik dem jungen Menschen die Formen der körperlichen Haltung und des Anstandes angewöhnen, welche die Würde des Menschen fordert. Darüber hinaus sind die Künste des Tanzes und des Fechtens zu pflegen, kurz alles, was dazu gehört, um mit Anstand und Ehre am gesellschaftlichen Leben teilzunehmen.

In sittlicher Hinsicht hat die Gymnastik die hohe Aufgabe, der Vernunft und dem guten Willen des jungen Menschen die freie und selbständige Herrschaft über den Körper zu verschaffen. Der Mensch, indem er Meister seines Leibes wird, gewinnt die Fähigkeit, jedem Gebot der Pflicht zu gehorchen.

In beruflicher Hinsicht hat die elementare Körperbildung die Aufgabe, den jungen Menschen in der Weise tüchtig zu machen, daß er sich die Fertigkeiten, die der von ihm zu wählende Beruf erfordert, mit Sicherheit und Leichtigkeit anzueignen vermag. Sie muß ihm Kraft und Gewandtheit vermitteln, so daß er zur Selbstverteidigung und zu jeder Arbeit die notwendigen und natürlichen Hilfsmittel zu finden vermag.

Aus diesen Grundsätzen läßt sich die richtige Reihenfolge der Körper-Übungen bestimmen.

Der Lehrer steht vor der Aufgabe, den Schüler alle möglichen Bewegungen des Körpers und einzelner Glieder ausführen zu lassen, bis er zur Herrschaft über alle diese Bewegungen und zur bleibenden Kraft gelangt, und dies alles in natürlicher Ordnung und Folge, dem Alter und den Fortschritten des Schülers angemessen.

Der Schüler aber muß diese Bewegungen mit Aufmerksamkeit und so lange üben, bis er darin gewandt und kräftig ist.

Die Leichtigkeit der Ausführung ist auffallend. Jede Mutter, jeder Vater, jeder Lehrer kann die Übungen mit Kindern vornehmen. Man muß nur einsehen, worum es geht. Die Kinder selbst, wenn gehörig mit ihnen geübt wird, weisen den Weg von Stufe zu Stufe weiter und veranlassen den Erzieher, den Umfang der Übungen immer mehr zu erweitern.

Man frage sich: *Welche Bewegungen kann ich mit jedem einzelnen Glied meines Körpers und bei jedem einzelnen Gelenk vornehmen? Nach welchen Richtungen können diese Bewegungen gehen und in welchen Lagen und Stellungen? Wie können die Bewegungen mehrerer Glieder und Gelenke miteinander verbunden werden?*

Wer solche Übungen kindlich findet, hat es richtig getroffen. Lächerlich aber mögen sie nur denen vorkommen, die weder die Kinder noch ihre Bedürfnisse kennen und auch nicht wissen, zu welcher körperlichen Kraft und Selbständigkeit das Kind auf diesem Wege gelangen kann.

Aus:

Neujahrsrede 1809[1]

Oft, besonders bei feierlichen Anlässen (Weihnachten, Neujahr, Geburtstagen usw.), hält der Leiter des Institutes in Yverdon vor versammelter Hausgemeinde seine Ansprachen. Diese zeichnen sich nicht nur durch gedanklichen Reichtum von bleibendem Wert, sondern auch durch bekenntnishafte Unmittelbarkeit aus, mit welcher Pestalozzi seinen Mitarbeitern und Schülern begegnet.

Zum ausgewählten Textstück: In ihm kommt die endgültige, gereifte pädagogische Überzeugung zum Ausdruck. Bezeichnenderweise wendet sich Pestalozzi gerade in diesem Teil der Rede nicht nur an seine mehr oder weniger gelehrten Mitarbeiter, sondern ausdrücklich auch an die Schüler des Institutes.

—

Liebe Kinder,

wir wollen aus euch nicht Menschen machen, wie wir sind. Wir wollen aus euch nicht Menschen machen, wie andere sind. Ihr sollt an unserer Hand Menschen werden, wie das Göttliche in eurem Wesen es will.

Unser höchstes Ziel ist nicht euer ausgebildeter Verstand, nicht euer Können, sondern eure Menschlichkeit. Ich sehe meine Aufgabe nicht in einer beschränkten Ausbildung der niedrigen Anlagen und ihrer sinnlichen Kräfte. Nein, ich suche die Erhebung eines jeden einzelnen unter euch zum Höchsten und Edelsten. *Ich suche die Erhebung des Menschen durch die Liebe. In ihrer Kraft erkenne ich das Fundament der Bildung.* Alle Anlagen des Geistes, des Verstandes und des Könnens müssen der Erhebung des menschlichen Herzens zur Liebe dienen. Darin allein sehe ich die Möglichkeit, den Menschen zur Menschlichkeit zu bilden.

Die Liebe ist das einzige, durch nichts ersetzbare Fundament der Bildung zur Menschlichkeit. Es war ein Irrtum zu glauben, ich suche die einseitige Ausbildung des Verstandes. Nein, ich suche die Bildung zur Menschlichkeit.

[1] Kritische Ausgabe, Band 21.
[2] Siehe auch W. Guyer, a. a. O. S. 138 ff.

Man darf in unserer Mitte arm sein. Auch der, dem die äußeren Vorteile des Reichtums fehlen, hat Anspruch auf die Erhebung seines Geistes und Herzens zur Menschlichkeit. Das bekannte Wort gilt bei uns nicht: «Wer zum Heufressen geboren ist, der mag Heu fressen.» Kein Mensch ist dazu geboren, wie ein Vieh zu leben. *Die erhabenen Anlagen der Menschennatur finden sich in jedem Menschen. Und jedem Menschen soll Hilfe geboten werden zur Entfaltung der Anlagen, die Gott ihm gegeben hat. Darum vereinfachen wir die Mittel der Menschenbildung und bauen sie auf die Kraft der Liebe.* Kinder, daß diese Liebe in euch wachse und gesichert werde, das ist alles, was wir brauchen. *Der Unterricht als solcher bildet keine Liebe. Darum aber ist er auch nicht das Wesen der Erziehung. Die Liebe ist ihr Wesen. Sie allein ist der Mittelpunkt, von dem aus alles Wesentliche in der Erziehung ausgeht.* Alle Bemühungen, euch verständig und geschickt zu machen, sind umsonst, wenn sie nicht auf die göttliche Kraft der Liebe gegründet sind. Wenn der Mensch auch Berge versetzen könnte, hätte aber die Liebe nicht, so wäre er ein tönendes Erz und eine klingende Schelle.

Der Wert einer Begabung ist nur dann groß, wenn sie sich in der Liebe entfaltet.

Die Elementarbildung ist die Bildung des Menschen zur Liebe, aber freilich nicht zu einer blinden, sondern zur sehenden Liebe.

Wir kennen für das, was wir zu eurer Führung benötigen, keinen andern Mittelpunkt als die Liebe, als unsere und eure Liebe, als Gottesliebe und Menschenliebe. *Was immer wir an euch tun, unser letztes Ziel ist die Liebe. Und alles Lernen hat keinen andern Zweck.*

Aus:

Über die Idee der Elementarbildung[1]

Lenzburger Rede 1809

Der Wortlaut der Rede, die Pestalozzi im Kreise der «Schweizerischen Gesellschaft für Erziehung» auf Schloß Lenzburg gehalten hat, ist nicht überliefert. Man ist auf die schriftliche Fassung angewiesen, die in den folgenden Jahren als erweiterte Abhandlung zum Druck gelangte. Zu berücksichtigen ist, daß Pestalozzis Mitarbeiter Niederer dabei mitgewirkt hat.

Als ausführliche und übersichtliche Darlegung der Idee der Elementarbildung, der Erziehungs- und Bildungstheorie Pestalozzis also, erhält die Lenzburger Rede hohe Bedeutung.

Bei der Auswahl der Texte ließ ich mich von der Absicht leiten, mich auf Pestalozzis eigenes Gedankengut zu beschränken und die Fremdeinflüsse, die er selber später abgelehnt hat, nach Möglichkeit zu übergehen. Dabei waren mir die umfangreichen Untersuchungen des Redaktionsstabes der Kritischen Ausgabe unter der Leitung von Dr. E. Dejung eine wertvolle Hilfe.

—

Um untersuchen zu können, ob und wieweit die von mir angestrebte Erziehungsweise der Menschheit und dem Vaterlande wirkliche Vorteile bringen kann, muß man notwendig vorerst bestimmen, was sie ist, oder wenigstens, was sie sein soll.

Meine Erziehungsweise ist «elementarisch». Das heißt, sie knüpft nicht an Zufälliges und Willkürliches an, sondern an das Unveränderliche in der Menschennatur. Sie sucht die Kräfte des Menschen rein aus sich selber zu entfalten und in Übereinstimmung miteinander zu erhalten.

Meine Methode bezweckt das Auffinden und Festhalten wesentlicher Elemente, d.h. unveränderlicher Anfangs- und Richtpunkte für allen Unterricht und alle Erziehung. Sie will diese Elemente nicht erfinden, sondern auffinden. Das Zufällige und Will-

[1] Kritische Ausgabe, Band 22 (in Vorbereitung).

kürliche soll aus Unterricht und Erziehung verbannt werden. An ihre Stelle muß das Tun des Notwendigen in Freiheit treten. Was die Natur mit Notwendigkeit hervorbrachte, soll die Erziehung mit Vernunft übernehmen und ihres Erfolges sicher sein.

Die Kräfte des Verstandes, des Könnens und des Wollens sind im menschlichen Wesen angelegt. Sie gleichen einem Samenkorn, das in die Erde gelegt wird und durch fördernde Einflüsse zum Halm, zur Blüte und zur Frucht erwächst.

Der Mensch vermag es zwar nicht, die in ihm angelegten Kräfte als Einheit zu erkennen. Er sieht sie einzeln als Kräfte des Verstandes, des Herzens und des Körpers. Aber er fühlt doch ihren inneren Zusammenhang und die innere Einheit seines Wesens. Er fühlt die Notwendigkeit, in der Entfaltung der verschiedenen Kräfte die innere Einheit zu respektieren.

Der Elementarbildung ist die Aufgabe gestellt, in allem, was sie zur Förderung der menschlichen Kräfte tut, der Einheit der Menschennatur zu dienen. Sie folgt dem Stufengang der Natur in der Entwicklung des Menschen, nach welchem das Kind allmählich zu immer weiterer Einsicht, zu immer höherer Kraft und immer reinerer Liebe erhoben wird.

In diesem Geist geht die Methode nicht nur auf das Ursprüngliche der Menschennatur, sondern ebenso auf das Ursprüngliche jedes einzelnen Unterrichtsgegenstandes zurück. Ihre Bildungsmittel liegen nicht in den zufälligen Verhältnissen und Umständen, in denen sich das einzelne Kind befindet, sondern in den Kräften der Menschennatur selber und in den Realgegenständen, aus welchen die Verhältnisse der Menschen entspringen. Die Methode ist jedoch diesen äußeren Verhältnissen nicht entgegengesetzt.

Die Menschennatur mit allen ihren Anlagen, Kräften und Bedürfnissen ist der Anfangs- und Mittelpunkt, ist aber auch das letzte Ziel und die einzige Aufgabe der Elementarbildung. Sie muß sich deshalb vor allem vom Wesen der Menschennatur Rechenschaft geben. Und eben darin unterscheidet sich diese Methode von den bisherigen Erziehungsarten und -grundsätzen. Sie widerspricht der gewöhnlichen Meinung, das Kind habe anfänglich eine bloß tierische Natur und müsse durch tierische Tätigkeit und tierische Erziehungsmittel zu einer geistigen Natur umgeschaffen werden. Grundsatz der Methode ist:

Was nicht schon in seinem Ursprung menschlich, was nicht schon in seinem Keime geistig und in seinen leisesten Regungen sittlich ist, wird es nie. So wenig aus Bösem je Gutes hervorgehen kann, so wenig kann aus Tierischem je Menschliches, aus Sinnlichem je Geistiges, aus Unreinem je Sittliches erzeugt werden. Das Bestreben der Elementarbildung geht unbedingt dahin, das ursprünglich Menschliche, Geistige und Sittliche im Kinde zu erfassen, zu beleben und zu stärken. Mit andern Worten: Sie betrachtet und behandelt das Kind vom ersten Augenblick an als ein menschliches, geistiges und sittliches Wesen. Sie sieht das Kind aber auch nicht als eine tabula rasa, die erst von außen beschrieben, oder als ein leeres Gefäß, das erst mit fremdem Stoff angefüllt werden müßte, um etwas zu enthalten. Sie sieht im Kind vielmehr eine wirkliche, lebendige und selbsttätige Kraft, die mit dem ersten Augenblick des Daseins auf ihre eigene Entwicklung und Erweiterung hinwirkt, die erzeugt, wie sie aufnimmt, die formt und gestaltet. Mütterliche Besorgung und häusliche Umgebung bewirken und bestimmen zwar die Tätigkeit dieser Kraft. Aber an ihrem Wesen vermögen sie nichts zu ändern.

Durch diese Ansicht von der Menschennatur wird die Methode in ihrem Wesen positiv. Die Humanität, die sie im Kinde voraussetzt, bildet eine volle Knospe, ein beseeltes Ganzes, den Inbegriff von Anlagen und Fähigkeiten, die in unzertrennlicher Einheit nach allen Seiten des Daseins ausstrahlen.

Die Elementarbildung will nicht negative Hinderung des Bösen, sondern positive Belebung des Guten. Sie arbeitet gegen die Schwäche durch Vermehrung der bereits vorhandenen Kraft, gegen den Irrtum durch die Entwicklung der in der Anlage vorhandenen Keime der Wahrheit, gegen die Sinnlichkeit durch Nährung und Stärkung des Geistes.

Der echte Lehrer greift nicht gewaltsam in den Entwicklungsgang des Kindes ein, drängt ihm nicht seine Begriffe und Meinungen auf. Dies wäre ein Unrecht, ein Verbrechen. Mit aller Vorsicht nährt und pflegt er das Vorhandene als eine Pflanze, die Gott gepflanzt hat. Er öffnet dem Kind aber immer weitere Spielräume. In christlichem Sinne, in Bescheidenheit und Hingebung achtet er die menschliche Natur und steht als Mittler zwischen dem Kind und dem Leben. *Er ist der Geburtshelfer seiner menschlichen Selb-*

ständigkeit, seiner Individualität, das heißt der göttlichen Idee, die in der Persönlichkeit des Kindes sichtbar und wirklich werden soll.

Die Elementarbildung, weil sie positiv ist, geht individuell vom Kinde selbst aus. Es gibt nichts Positives in der Erziehung und im Unterricht als eben das einzelne Kind und die in ihm vorhandene Kraft. Das Vermögen, die Individualität im Kinde zu sehen und zu erkennen, wie sich die Humanität in unendlichen Gestalten ausprägt und wie doch wieder die eine Menschlichkeit in allen erscheint: dies ist die Freude des Erziehers, der seine Aufgabe und sein Verhältnis zum Menschen erkennt. So niedrig und gering das einzelne Kind, so beschränkt und unvollkommen seine Anlage sein mag: er versteht es als ein Bild des Menschlichen; er sieht in ihm mit Ehrfurcht eine Offenbarung der göttlichen Idee.

Der Zusammenhang des Ganzen der Elementarbildung erscheint nirgends so rein wie in der Handlungsweise der entweder ganz gebildeten oder ganz einfachen und menschlich natürlichen Mutter an ihrem Säugling. Diese Handlungsweise ist rein ursprünglich. Da mischt sich noch keine menschliche Kunst und keine menschliche Verirrung ein. Sie ist elementarisch, denn da spricht sich die Natur noch ganz und unverfälscht aus. Sie ist positiv, denn ohne Umwege, ohne Unsicherheit und Zweifel geht sie aus der unmittelbaren Anschauung der Bedürfnisse des Kindes hervor, geht auf ihre unmittelbare Befriedigung. Sie ist organisch, denn da sprossen die geweckten Kräfte des Kindes als Keime weiterer Fortschritte. Die mütterliche Handlungsweise umfaßt Verstand, Können und Wollen des Kindes zugleich, als ein Ganzes, und wirkt doch auf jede einzelne Kraft individuell und bestimmt.

Die Elementarbildung muß, der menschlichen Natur entsprechend, in die sittliche, die intellektuelle und die physische Elementarbildung eingeteilt werden. Sie schlägt von Anfang an, schon im Tun der Mutter, diese drei Richtungen ein, deren erste im Wollen, deren zweite im Denken und deren dritte im Können des Kindes begründet ist.

Diese drei Teile sind aber im Menschen und im Leben nicht getrennt. Sie bilden eine Einheit, indem sie sich in der Einheit der menschlichen Natur jeden Augenblick gegenseitig durchdringen. Ihr Wesen besteht nicht nur in der festen Verbindung aller drei

Teile, sondern vielmehr in der Unterordnung der intellektuellen und der physischen unter die höheren Ansprüche der sittlichen Elementarbildung. Die intellektuelle und die physische Elementarbildung sind untergeordnete Teile des großen Ganzen der sittlichen Elementarbildung, die dazu dienen, Verstand und Können des Menschen in ihren Auswirkungen mit dem hohen, göttlichen Sinn unserer inneren Veredlung in Übereinstimmung zu bringen.

Die sittliche Elementarbildung ist nichts anderes als die reine Entfaltung des menschlichen Wollens durch die höheren Gefühle der Liebe, der Dankbarkeit und des Vertrauens. Das Ziel dieser Bildung ist sittliche Vollendung. Ihre Mittel sind Übungen im sittlichen Denken, Fühlen und Tun. Auf das Sichtbare gerichtet, zeigt sich die sittliche Elementarbildung als Moral im Handeln, auf das Unsichtbare gerichtet als Religion im Fühlen und Schauen. Die vermittelnde Einheit, das Band beider, ist die Gesinnung, die wesentlich den Charakter des Menschen begründet.

Die intellektuelle Elementarbildung ist nichts anderes als die reine Entfaltung der Denkkraft, des Verstandes, durch ein höchst einfaches Anwenden und Einüben dieser Kraft.

Verstandestätigkeit schließt an die Anschauungseindrücke an, welche die Gegenstände der Welt durch unsere Sinne bewirken. Anschauungseindrücke sind die Elemente der menschlichen Erkenntnis. Die erste Tätigkeit des Verstandes gilt dem ordnenden Zusammensetzen, dem Trennen und Vergleichen dieser Eindrücke. Deshalb ergibt sich für die intellektuelle Elementarbildung zunächst eine zweifache Aufgabe:

1) Das Kind muß zum Anschauen von Gegenständen angehalten werden.

2) Die gewonnenen Anschauungseindrücke müssen als Grundlage für die Ausbildung der Denkkraft benützt werden. Sprache, Zahl und Form sind die Mittel, deren sich die Denkkraft zu ihrer eigenen Entfaltung bedient. Diese Anfänge des Denkens finden ihre Erweiterung durch lückenlose Schritte bis zu den höheren Stufen des Denkens und zur Erkenntnis schwieriger Sachverhalte.

Der inneren Einheit der menschlichen Natur entsprechend, *ist endlich die physische Elementarbildung nichts anderes als die Entfaltung des Könnens, das heißt die Entfaltung der dem Kinde eigenen, vielseitigen körperlichen Fähigkeiten.* Dies geschieht ebenfalls durch einübendes Inanspruchnehmen derselben. Durch Bewegung entsteht Sicherheit im Gebrauch der Glieder. Bewegung erzeugt Kraft.

In gleicher Art, wie sich das Kind zur sittlichen und zur intellektuellen Selbständigkeit erhebt, erhebt es sich durch lückenloses Fortschreiten und umfassenden Gebrauch seiner körperlichen Kräfte zu körperlicher Gewandtheit und Selbständigkeit. Vom Mittelpunkt seines Wesens ausgehend, erweitert es seine Tätigkeit nach allen Seiten, soweit seine Kräfte reichen.

Für die sittliche Entwicklung des Menschen ist die christliche Lehre von höchster Bedeutung. Die Sittlichkeit, wie sie im Menschen unwandelbar angelegt ist, hat sich in der Person und im Geist des Stifters des Christentums offenbart.

Untersuchen wir die christliche Lehre näher, so finden wir in ihr alles, was als Inhalt und Aufgabe der sittlichen Elementarbildung gelten muß, in größter Klarheit dargestellt. Mit einem Schlag das ganze Gebiet der Menschensatzungen niederwerfend, oder vielmehr sich darüber erhebend, führt Christus die sittliche Erziehung auf das Ursprüngliche, Einfache und Unvermittelte aller sittlichen Regung, nämlich auf die Gefühle der Liebe, des Dankes und des Vertrauens zurück. Die in der Sittlichkeit des Menschen dargestellte Einheit der Wahrheit, der Liebe und des Handelns in Wahrheit und Liebe stellt er als das höchste Ziel, als das wahrhafte Dasein des Menschen dar.

Alle wahrhaft elementarischen Übungen des Verstandes beginnen notwendig mit dem Anschauen von Gegenständen. Diese Anschauungsübungen müssen aber im kindlichen Alter im Lebenskreis des Kindes stattfinden und mit dem wirklichen Fühlen und Handeln des Kindes verbunden sein.

Alles weitere der Verstandesbildung muß dann stets in einem lückenlosen Zusammenhang mit diesen ersten, einfachen Anschauungsübungen in Übereinstimmung bleiben.

Es widerspricht dem Geist dieser Methode, das Kind gewaltsam aus dem Erfahrungskreis des häuslichen Lebens und seiner wirklichen Verhältnisse herauszureißen. Sie schließt alles, was zur Entfaltung der Kräfte getan werden kann, an das häusliche Leben, den Anfangspunkt an.

Das Kind, das im Sinne dieser Methode unterrichtet wird, gewöhnt sich an Gründlichkeit. Es schaut lange, fest, lebendig, bevor es Schlüsse zieht. Nicht so sehr um das Urteilen und Schließen geht es, sondern um die Heranbildung der Kraft, welche richtiges Urteilen und Schließen ermöglicht. Und diese Kraft gewinnt das Kind weit mehr durch geordnete Tätigkeit, durch Fleiß und Arbeit als durch eitles Haschen nach ausgedehntem Wissen. Auf diesem Weg reift das Urteil und ist zutreffend, weil es nicht weiter geht als die Anschauung selber.

Es ist gewiß: Die intellektuelle Führung des Kindes ist in keinem Falle elementarisch richtig, wenn sie nicht mit dem ganzen Gang des inneren und äußeren Lebens des Kindes übereinstimmt. Das Kind muß glaubend, liebend und handelnd in seinen Umgebungen leben und durch tätige Liebe physisch und intellektuell kraftvoll werden. Je größer und wahrer, je tätiger die Liebe ist, die in den Umgebungen des Kindes und in ihm selber wirksam ist, umso sicherer gelingt die menschliche Entfaltung der Kräfte. Ohne Liebe bildet sich weder die physische noch die intellektuelle Kraft des Kindes naturgemäß, das heißt menschlich. In der Liebe aber werden Verstand und Faust gewiß zur naturgemäßen, menschlichen Anwendung ihrer Kräfte hingelenkt.

Auch die physische Elementarbildung muß von der Anerkennung der Einheit der menschlichen Natur ausgehen. *Die physischen Elemente der menschlichen Fertigkeiten und Künste sind unsere Sinne, insbesondere Auge und Ohr, und die mechanischen Kräfte unseres Leibes,* vor allem unserer Hände und unseres Mundes.

Die ersten Mittel der physischen Elementarbildung sind deshalb reine Sinnesübungen und Körpergymnastik. Diese Übungen stimmen aber mit der Elementarlehre nur überein, solange sie von allgemeiner Art sind. Die Übereinstimmung hört auf, sobald die Übungen in den Dienst irgend eines speziellen Kunstfaches gestellt werden. Dieser Gesichtspunkt ist wichtig, und es ist nötig, beides getrennt ins Auge zu fassen: das reine und das auf ein bestimmtes Kunstfach bezogene, zweckgebundene Üben.

Fundament der Elementarbildung ist die schonende, die erfreuende und erhebende Liebe. Menschlich bildend wirken nur jene Mittel und Übungen, die mit Liebe und Glauben übereinstimmen.

Achten wir auf das Urbild der Elementarbildung, auf das Tun der Mutter, so finden wir: Ihre Hand, an der das Kind gehen lernt, ist behutsam und ohne alles Drängen. Aber es ist gleichwohl eine kräftige, feste Hand. Der menschlich bildende Einfluß beruht wesentlich auf der Leichtigkeit des mütterlichen Tuns, auf ihrem reinen und sanften Wesen und auf dem Fernhalten all dessen, was störend und bedrängend auf das Kind einwirken könnte. Aber was wäre dies ohne ihre innere Kraft und Sicherheit?

Elementarbildung strebt von Anfang an und auf jeder späteren Stufe nach Reifung, nach Vollendung, nach Vervollkommnung der menschlichen Kräfte. Alle Mittel der Methode sind für diesen Zweck berechnet.

Das Unglück der Zeit hat uns verwirrt: Man hat uns die Ergebnisse unserer Scheinbildung als Ergebnisse wahrer Menschenbildung hingestellt. Man hat den Wirbel der Torheit, der Anmaßung, der Erlahmung und Verwilderung für den wahren Zustand der Menschenbildung gehalten. Man fährt auch jetzt noch fort, die Erlahmung und Verwilderung der menschlichen Kräfte durch neue Künste und Organisationen der Scheinerziehung zu fördern. Alles, was hierin unsere alten Übel verstärkt, ist uns im allgemeinen ebenso lieb und wert, wie wenn es uns keinen Schaden gebracht hätte. Alles, auch das Beste in unserem Tun für das Volk, ist dem Verderben unserer Schulroutine unterworfen. Wir sehen das Verderben und wagen es nicht, den Zauber zu durchbrechen und die Ansprüche der Menschennatur zur Geltung zu bringen. Wir wagen es nicht, diese Ansprüche in ihrem ganzen Umfang unserem Schulkarren und dessen Routinegang gegenüberzustellen. Wir wagen es nicht, den Menschen im Kinde und das Kind als ein Ganzes wahrzunehmen. Wir erschrecken vor dem bloßen Gedanken einer wahrhaften Erneuerung der Erziehung.

Die Elementarbildung geht von der Erkenntnis aus, daß das Leben bildet. Das Leben in großen Umgebungen bildet kraftvoll; aber das Leben in häuslicher Umgebung bildet liebevoll. Das liebevolle Leben veredelt. Das Leben im Glauben sichert und erhöht die Veredlung durch die Liebe. Und die Elementarbildung ist dazu geeignet, diese Veredlung allseitig in der Kraft, in der Liebe und im Glauben zu erzielen.

Aus:

Schwanengesang[1]

1826

Der achtzigjährige Pestalozzi gibt der Öffentlichkeit – so kündet er es im Vorwort an – einen letzten Rechenschaftsbericht über seine Erfahrungen, über die gewonnenen Erkenntnisse und Überzeugungen und über sein persönliches Schicksal.

Zunächst geht er noch einmal auf den Begriff der Elementarbildung ein, insbesondere auf den bedeutsamen Zusammenhang von Anschauung, Sprache und Denken. Hervorzuheben ist einerseits die Ausdeutung des Grundsatzes «Das Leben bildet», anderseits der Begriff der «Gemeinkraft» aus Glaube und Liebe, Quellgrund und Ziel der Elementarbildung.

Der Schlußteil des Buches enthält die ausführlichste Selbstschilderung Pestalozzis. Diese vermittelt maßgebende Perspektiven für das Verständnis von Leben und Werk.

Das Buch ist teils in Yverdon, gegen Ende der Institutszeit, teils auf dem Neuhof geschrieben worden, wohin sich der Greis zwei Jahre vor seinem Tode zurückgezogen hat[2].

Die Idee der Elementarbildung – für deren theoretische und praktische Klarstellung habe ich den größeren Teil meiner reiferen Tage verwendet – ist nichts anderes als die Idee der Naturgemäßheit in der Entfaltung und Ausbildung der Anlagen und Kräfte des Menschen.

Um auch nur annähernd klarzustellen, was Naturgemäßheit ist, muß man vor allem fragen:

Was ist die Menschennatur?

Nicht das, was ich mit den Tieren gemeinsam habe, sondern die Anlagen und Kräfte, durch welche ich mich von allen Geschöpfen,

[1] Kritische Ausgabe, Band 28.

[2] Siehe auch W. Guyer, a. a. O. S. 160 ff.

die nicht Mensch sind, unterscheide, machen das Wesen der Menschennatur aus. Das sind die Anlagen meines menschlichen Herzens, meines menschlichen Verstandes und meines menschlichen Könnens. Daraus folgt:

Die Idee der Elementarbildung ist die Idee der naturgemäßen Entfaltung und Ausbildung der Anlagen und Kräfte des menschlichen Herzens, des menschlichen Verstandes und des menschlichen Könnens.

Die Naturgemäßheit fordert die Unterordnung unserer tierischen Ansprüche unter die höheren Ansprüche unseres menschlichen Wesens, die Unterordnung unseres Fleisches und Blutes unter unsern Geist.

In jeder einzelnen menschlichen Anlage sind auch die unabänderlichen Gesetze enthalten, welche den Gang der natürlichen Entfaltung und Ausbildung unserer Kräfte bestimmen.

Diese Gesetze sind wie die Kräfte, in denen sie wirksam sind, untereinander verschieden. Aber sie gehen alle aus der Einheit der Menschennatur hervor und sind deshalb, trotz ihrer Verschiedenheit, miteinander verbunden. Und nur in ihrer gegenseitigen Übereinstimmung wirken sie der menschlichen Natur gemäß und somit menschlich bildend.

Nur das bildet den Menschen wahrhaft menschlich, was ihn in seiner Herz, Geist und Hand umfassenden Gemeinkraft ergreift und fördert.

Was ihn nur einseitig, das heißt nur in einer seiner Kräfte ergreift und fördert, untergräbt und stört das Gleichgewicht und führt zur Mißbildung des Menschen.

Die wahre, naturgemäße Bildung strebt nach Vollendung der menschlichen Kräfte. Einseitigkeit in Erziehung und Unterricht führt zur Untergrabung und Auflösung der Gemeinkraft des Menschen. Die Einheit der Kräfte aber ist die Grundlage alles dessen, was zu unserer Veredelung notwendig und möglich ist.

Jedes einseitige Übergewicht in der Entfaltung unserer Kräfte führt zum Selbstbetrug, zu grundloser Anmaßung, zur Verkennung der eigenen Schwächen und Mängel und zur harten Beurteilung jener Mitmenschen, die nicht mit den irrtümlichen Ansichten unserer Einseitigkeit übereinstimmen.

Das Gleichgewicht der Kräfte hat zur Voraussetzung, daß jede einzelne Grundkraft naturgemäß zur Entfaltung gebracht wird. Und die Naturgemäßheit liegt, wie gesagt, in der Übereinstimmung mit den Gesetzen, die in der menschlichen Natur wirksam sind.

So verschieden nun die einzelnen menschlichen Kräfte auch sind, so haben sie doch das eine gemeinsam, daß sie sich durch Gebrauch entfalten. Jede unserer Kräfte treibt uns dazu an, sie zu brauchen: das Auge will sehen, das Ohr will hören und die Hand will greifen, und ebenso will das Herz glauben und lieben. In jeder Anlage wirkt der Trieb, den Keim der Kraft zur ausgebildeten Kraft zu erheben.

Die Elementarbildung umfaßt also die Summe aller Bestrebungen, dem Gang der Natur in der Entfaltung und Ausbildung unserer Anlagen und Kräfte Hilfe zu leisten, und zwar jene Hilfe, die einzig aus erleuchteter Liebe, aus gebildetem Verstand und einsichtigem Können möglich ist.

Das ist unsere Sorge und unser Anliegen: den Menschen durch die Elementarbildung menschlich und göttlich zu beleben.

Fragen wir uns jetzt im Hinblick auf das sittliche, geistige, häusliche und bürgerliche Leben:

1. Wie entsteht das Fundament unseres sittlichen Lebens – die Liebe und der Glaube – wahrhaft naturgemäß? Wie werden die sittlichen und religiösen Anlagen im Kinde durch menschliche Sorgfalt und Erziehungskunst von Geburt an belebt, genährt und gestärkt?

Wir finden: Die sichere und sofortige Befriedigung der Bedürfnisse belebt im Säugling die Keime des Vertrauens und der Liebe, Anfangspunkte des Sittlichen und Religiösen. Dies ist die höchste Muttersorge. Darum ist es für die Erziehung zur Menschlichkeit von größter Wichtigkeit, daß im Säugling der Zustand der Ruhe und des Befriedigtseins erhalten bleibt.

Jede Unruhe, die das vegetierende Leben des Kindes stört, verstärkt die Ansprüche der tierischen Natur und schwächt das Fundament, aus dem die sittlichen Kräfte zur Entfaltung gelangen sollten.

Die lebendige Sorge um die Erhaltung dieser Ruhe in der ersten Zeit des kindlichen Lebens ist von der Natur in das Herz der Mutter gelegt. Sie zeigt sich in der Mutterkraft und Muttertreue. Wo diese Kraft und Treue fehlt, da ist Unnatur, da wird auch die erzieherische Vaterkraft und der bildende Segen des häuslichen Lebens untergraben.

Das Wesen der Menschlichkeit entfaltet sich nur in der Ruhe. Ohne sie verliert die Liebe alle Kraft ihrer Wahrheit und ihres Segens. Die Unruhe entsteht aus dem Mangel an mütterlicher Besorgung, aus Not und aus Selbstsucht. Sie erzeugt Lieblosigkeit und Unglauben und all das, was aus Lieblosigkeit und Unglauben entspringt: die Neigung zur tierischen Verwilderung und Gewalttätigkeit.

Wo dem Kind die zarte Hand und das lächelnde Auge der Mutter fehlen, da erwächst auch in seinem Auge und in seinem Munde kein Lächeln und keine Anmut.

Aber auch das Überfüllen des Kindes mit sinnlichen Genüssen zerstört seine Ruhe. Die wahre mütterliche Sorge beschränkt sich auf die Befriedigung der wahren Bedürfnisse.

Die besonnene Mutter lebt für ihr Kind im Dienste ihrer Liebe, aber nicht im Dienste seiner Launen und seiner tierisch gereizten Selbstsucht.

Auf dieser Bahn ist es, wo Mutterkraft und Muttertreue im Säugling die ersten Spuren der Liebe und des Glaubens erzeugen und zur naturgemäßen Entfaltung bringen. *Aus der Liebe zur Mutter entsteht die Liebe zum Vater und zu den Geschwistern.* Der Kreis der menschlichen Liebe und des menschlichen Glaubens im Kinde dehnt sich immer mehr aus: Wen die Mutter liebt, den liebt ihr Kind auch. Wem die Mutter vertraut, dem vertraut es auch. Wenn sie ihm sagt: «Ich habe einen Vater im Himmel, von dem alles Gute kommt, das du und ich besitzen», so glaubt das Kind auf das Wort seiner Mutter an ihren Vater im Himmel. Und wenn sie als Christin betet und in der Bibel liest, wenn sie an den Geist der Liebe glaubt und von ihm belebt ist, so betet das Kind gerne mit seiner Mutter zu ihrem Vater im Himmel und glaubt an das Wort seiner Liebe. *So erhebt sich das Kind an der Hand seiner Mutter naturgemäß zur menschlichen Liebe und zum Glauben, zum reinen Sinn des christlichen Glaubens und der christlichen Liebe.*

Auf dieser Bahn sucht die Idee der Elementarbildung das sittliche und religiöse Leben des Kindes menschlich zu begründen.

2. Wie entfalten sich naturgemäß die Fundamente des geistigen Lebens, die Fundamente des menschlichen Denkvermögens?

Ich finde: Die Bildung unseres Denkvermögens beginnt mit dem Eindruck, den die Anschauung der sinnlich wahrnehmbaren Gegenstände in uns erzeugt. Indem diese Gegenstände unsere inneren und äußeren Sinne berühren, beleben sie den Trieb unseres Geistes zur Selbstentfaltung.

Wenn die Anschauungs-Erlebnisse bewußt werden, erwacht zugleich das Bedürfnis nach dem sprachlichen Ausdruck. Die Sprachkraft aber ist für die Ausbildung der Denkkraft unentbehrlich. Sie verhilft uns dazu, die Sinneseindrücke, die wir in der Anschauung von den Gegenständen gewonnen haben, mit Wörtern zu bezeichnen und für das Denken fruchtbar zu machen. *Das Anschauungs-Erlebnis muß der Aneignung des bezeichnenden Wortes immer vorangehen.* Im Sinne der Naturgemäßheit kann der Mensch nur über Dinge reden, die er im Anschauungs-Erlebnis erkannt hat. So, wie er die Dinge erkannt hat, so redet er über sie: Was er nur oberflächlich erkannt hat, darüber redet er oberflächlich. Was er unrichtig erkannt hat, darüber redet er auch unrichtig. Nur über das richtig Erkannte redet er richtig.

Die Verstandesbildung nun fordert – im Zusammenhang mit der Sprachbildung – fortdauernde naturgemäße Entfaltung der Kräfte des Denkens, Forschens und Urteilens. Der Weg, der hier einzuschlagen ist, ist in der Anlage unseres Verstandes vorgezeichnet. Er führt vom Anschauungs-Erlebnis zum bewußten Erkennen der Gegenstände, dann zum selbständigen Trennen, Vergleichen und zum ordnenden Zusammenstellen derselben, d.h. zum logischen Betrachten und Bearbeiten, woraus menschliche Urteilskraft entsteht.

Nun besteht die Aufgabe, Unterrichtswege und -mittel für die Verstandesbildung zu erforschen und auszuarbeiten. Dies liegt in den Bestrebungen der Idee der Elementarbildung.

3. Wie entfalten sich die Fundamente des menschlichen Könnens, der Fertigkeiten?

Das Können und die Fertigkeiten, die im häuslichen, beruflichen und bürgerlichen Leben benötigt werden, haben ein inneres und ein äußeres Fundament: Der Verstand ist das innere, der Leib ist das äußere Fundament.

Die Ausbildung der lebensnotwendigen Fertigkeiten, zum Beispiel das Rechnen, das Messen und Zeichnen, ist auf innere Kräfte, auf die Kräfte des Verstandes angewiesen. Die Ausbildung der Fertigkeiten der Sinne und der Glieder beansprucht offensichtlich die Kräfte des Leibes. Alle Fertigkeiten des Leibes aber stehen mit den Fertigkeiten des Verstandes im Zusammenhang und müssen mit diesen in Übereinstimmung gebracht werden.

Aufgabe der Elementarbildung ist es, die leiblichen Kräfte und Fertigkeiten naturgemäß auszubilden und sie den verstandesmäßigen und sittlichen Kräften zu unterordnen.

Im häuslichen Leben finden wir dazu die ersten Bildungsmittel. Auf deren sorgfältige und weise Benützung kommt es an.

Der Stufengang zu ausgebildeten Fertigkeiten führt von der Richtigkeit des Tuns zum kraftvollen Tun, dann zur Leichtigkeit und vollkommenen Beherrschung. Daß die einzelnen Übungen zur gegenseitigen Übereinstimmung gebracht und damit zu einer Gemeinkraft des menschlichen Könnens erhoben werden, ist wesentliche Aufgabe der Elementarbildung. Damit wird die Voraussetzung dafür geschaffen, daß alle menschlich gebildeten Kräfte – die sittlichen, die verstandesmäßigen und die leiblichen – vereinigt, in harmonischer Übereinstimmung, der Einheit des menschlichen Wesens dienen.

Ohne dies ist menschliche Gemeinkraft nicht möglich. *Denn wahrhaft entfaltete Gemeinkraft gründet im Gleichgewicht der sittlichen, der verstandesmäßigen und der leiblichen Kräfte.*

Ich betrachte die hohe Bedeutung der wahrhaft entfalteten menschlichen Gemeinkraft jetzt von einer besonders wichtigen Seite:

Jedes Übergewicht einer einzelnen Kraft über die andern stört und entkräftet den Segen der Gemeinkraft. Wo die Kräfte des Verstandes, des Könnens und der beruflichen Tüchtigkeit überwiegen, da können Glaube und Liebe ersticken, so daß eine Wiederherstellung des menschlichen Gleichgewichts der Kräfte gar nicht mehr möglich ist. Verstand und berufliche Tüchtigkeit ohne Glauben und Liebe aber werden zu einer Quelle der tierischen Unruhe, des Hochmutes und Übermutes. Sobald sich Menschen mit diesen Eigenschaften zu Cliquen zusammenschließen, als Masse auftreten, geht ihnen das Gefühl ihrer Schwäche verloren. Sie fühlen sich geistig und bürgerlich stärker, als sie es in Wirklichkeit sind. Im Gefühl ihrer Massenkraft und ihrer Massenforderungen täuschen sie sich über sich selbst und werden leidenschaftlich, feindselig und verleumderisch gegen alle Menschen, die mit ihren von der Masse geprägten Meinungen und Urteilen nicht übereinstimmen.

Bevor ich mich den Bildungsmitteln zuwende, stelle ich mir die Frage: *Ist die Idee der Elementarbildung nicht ein Traum? Ist sie ausführbar? Man fragt mich oft und laut: Wo ist sie verwirklicht?*

Ich antworte: Sie ist überall und nirgends; überall in einzelnen Belegen, aber nirgends im Zusammenhang und in ihrer Vollendung. *Eine vollkommen elementarisch organisierte Schule gibt es nicht. Unser Wissen und Können in dieser Sache ist Stückwerk. Es wird auch in Zukunft nie so sein, daß den Ansprüchen der großen Idee allgemein und in vollem Maße entsprochen wird.* Mag ein Mensch noch so befähigt sein, er wird mit Paulus sagen müssen: «Nicht daß ich's schon ergriffen habe, ich jage ihm aber nach, ob ich's auch ergreifen möge.» Wir müssen es sagen: Eine der Idee der Elementarbildung vollkommen entsprechende Erziehungs- und Unterrichtsmethode wird es nie geben.

Mögen ihre Grundsätze noch so klar dastehen, mögen ihre Mittel so einfach und naheliegend wie nur möglich sein: Die Vollkommenheit der Erziehung und des Unterrichtes werden wir nie erreichen.

Sobald wir aber erkannt haben, daß das Ziel der Elementarbildung zugleich auch das Ziel aller menschlichen Kultur ist, wird es uns zur Pflicht, ihm nachzustreben. Dem Streben nach diesem Ziel verdanken wir den Grad der Kultur, den die zivilisierte Welt in sittlicher, geistiger und physischer Hinsicht erreicht hat. Und jeder Grundsatz einer naturgemäßen Erziehung, jedes naturgemäße Mittel, das im Unterricht irgend eines Faches angewendet wird, ist Werk der Elementarbildung. Ich sage es noch einmal: Diese hohe Idee ist überall und nirgends. Nirgends in ihrer Vollendung, überall im Stückwerk einzelner Versuche, in denen sich das Streben nach ihr bekundet. *Wer sie mißachtet, mißachtet alles Göttliche, das in der Menschennatur liegt. Dieses Göttliche aber ist das einzig wahre Menschliche in uns.*

Aber die Welt hat etwas anderes im Sinn. Sie kann nicht anders: ihre Aufmerksamkeit ist viel stärker auf die Bildungsmittel der kollektiven Existenz als auf diejenigen des einzelnen Menschen gerichtet. Und eben dies widerspricht dem Wesen der Elementarbildung. Die Bildungsmittel der kollektiven Existenz sind auf die Entfaltung der körperlichen Kräfte mehr als auf die Entfaltung der sittlichen und geistigen Kräfte gerichtet. Die Folgen dieser widernatürlichen Sinnesrichtung der Welt sind gefährlich: das Tierische im Menschen wird gereizt.

Das Naturgemäße der Elementarbildung hingegen ist auf das Wecken des Geistes gerichtet, auf das Sittliche, auf Unschuld und Unbefangenheit.

Der große Fundamentalsatz für jedes naturgemäße Erziehungswesen heißt: Das Leben bildet.

Dies gilt in sittlicher, intellektueller und in physischer Hinsicht.

Über die Mittel der Elementarbildung

a) Die Mittel der sittlichen Elementarbildung ergeben sich aus dem belebten Vater- und Muttersinn der Eltern und aus dem Bruder- und Schwestersinn im Kreise des häuslichen Lebens. Glaube und Liebe: das ist der Anfang aller Sittlichkeit und Religiosität, der Anfang aller naturgemäßen Entfaltung und Bildung überhaupt. Die sittliche Elementarbildung benötigt und benützt ihre Mittel – den häuslichen Lebenskreis – vom Augenblick der Geburt des Kindes an, also weit früher als die intellektuelle und die physische Elementarbildung. *Das Kind glaubt und liebt, bevor es denkt und handelt. Der Einfluß des häuslichen Lebens weckt und stärkt seine sittlichen Kräfte, die als Voraussetzung alles menschlichen Denkens und Handelns anzusehen sind.*

b) Auch für die Mittel der intellektuellen Elementarbildung gilt der Erziehungsgrundsatz «Das Leben bildet». So wie die sittliche Bildung von der inneren Anschauung ausgeht – Lebendigwerden der Liebe, der Dankbarkeit und des Vertrauens im Kinde –, so geht die Verstandesbildung von der äußeren Anschauung von Gegenständen aus. Unsere äußeren Erkenntnisse sind die Folgen von Sinneseindrücken. Der Trieb zur Entfaltung unserer Kräfte regt uns zum Sehen an, zum Hören, Riechen, Schmecken, Tasten, Greifen, Gehen usw. Bildend werden diese Tätigkeiten für uns aber nur, wenn unsere Augen zum richtigen Sehen, unser Gehör zum richtigen Hören, usw. erzogen werden. *Die Sinneseindrücke von Gegenständen der Umwelt müssen reifen, zur Vollendung gebracht werden. Was in den Sinnen nicht gereift ist, kann nur zu einer oberflächlichen Erkenntnis werden. Oberflächliche Erkenntnis aber bildet nicht.*

So wie die sittliche Bildung im Kreis des häuslichen Lebens ihren Anfangs- und Mittelpunkt hat, so auch die Verstandesbildung. Außer dem Kreis des häuslichen Lebens gibt es keinen Ort, wo die Gegenstände der Anschauung dem Kinde von der Wiege an so anhaltend, ununterbrochen, so vielseitig und eindrücklich vor die Sinne kommen. Die Ausbildung der Anschauungskraft und die Ausbildung der Sprachkraft stehen in der elementarischen Kunst der Erziehung und des Unterrichtes in engem Zusammenhang. Belebte Sinneseindrücke von Anschauungsgegenständen drängen nach sprachlichem Ausdruck.

Wie alles Menschliche bildet sich die Sprache des Kindes in langsamen Stufenfolgen. Das Kind kann solange nicht reden, bis seine Sprechorgane genügend entwickelt sind. Es kann aber auch solange nicht reden wollen, bis ihm die Gegenstände seiner Umgebung zum Anschauungs-Erlebnis werden.

Um das Kind reden zu lehren, muß die Mutter darüber wachen, daß ihm die Gegenstände der näheren Umgebung durch das Erlebnis des Sehens, Hörens, Tastens und Greifens, Riechens und Schmeckens bewußt werden. So wird auch sein Wille, die bezeichnenden Wörter für diese Gegenstände zu lernen, gestärkt. Sie muß ihm die Wörter bald laut, bald leise, bald singend, bald lachend, immer mit lebendiger Munterkeit zu Gehör bringen, damit das Kind Lust verspürt, ihr nachzusprechen.

Aber es ist wichtig, daß die Wörter stets vom sinnlichen Eindruck der Gegenstände, die sie bezeichnen, begleitet sind. Und das Einüben von Wörtern darf nur in dem Maße erfolgen, in welchem die Anschauung der Gegenstände im Kinde gereift ist.

Aber so wie man anfängt, dem Kind leere Wörter in den Mund zu legen und seinem Gedächtnis einzuprägen – Wörter ohne Anschauung, ohne erlebte Wortbedeutung –, so wendet man sich in der Spracherziehung vom Grundsatz «Das Leben bildet» ab. Und indem man dies tut, legt man im Kind den Grundstein aller Verkehrtheit und aller Unnatur im Gebrauch der Sprache.

Die Kunst des Sprachunterrichtes geht notwendig von der Benennung der Gegenstände, von den Dingen der Anschauung aus. Sie geht weiter zur Benennung der Eigenschaften der Gegenstände und zur Benennung des Tuns, des Wirkens und Erleidens derselben.

Dabei ist der Sprachunterricht stets von Umfang und Reifegrad der Anschauungserlebnisse des Kindes abhängig. Der naturgemäße Gang im Sprachunterricht kann deshalb in keinem Falle schneller sein als die Fortschritte des Kindes in seinen Anschauungserkenntnissen. Die naturgemäße Erweiterung und Belebung der Anschauungserkenntnisse ist das grundlegende Mittel, mit dem naturgemäße Fortschritte im Erlernen der Muttersprache erreicht werden können.

Das Äußere der Sprache, die Töne selber, sind ohne belebten Zusammenhang mit den Eindrücken, die ihrer Bedeutung zugrunde liegen, leere, eitle Töne. Sie werden erst durch den bewußten Zusammenhang mit den in der Anschauung erlebten Gegenständen zu wahren, menschlichen Wörtern.

Die Wörter, die das Kind in seiner Umgebung hört, haben nicht ohne weiteres bildende Wirkung. Sie bewirken zunächst nur einen Eindruck auf das Gehör. Dieser Eindruck ist freilich wichtig. Durch öftere Wiederholung vollendet sich der Eindruck, und der Mund wird zum Nachsprechen angeregt. Das Kind lernt im frühen Alter eine Menge Wort-Laute aussprechen, deren Sinn es nicht kennt. Aber es ist dadurch vorbereitet, auch die Wort-Bedeutung zu erfassen.

Die Elementarbildung begnügt sich nicht damit, die zufälligen Sinneseindrücke des Kindes für die Spracherziehung zu benützen. Sie will ordnen, d. h. sie strebt dahin, die Sinneseindrücke mit den wirklichen Bedürfnissen des in Entwicklung begriffenen Kindes in Einklang zu bringen. Es ist einleuchtend: Die Ausbildung des Anschauungsvermögens ist auf einen angemessenen Kreis von Anschauungsgegenständen der Umgebung angewiesen. Ebenso notwendig ist es, daß das Kind jene Sprachkenntnisse erwirbt, die seinen Lebensbedürfnissen, seinen persönlichen Verhältnissen und

Kräften Genüge tun. Was in der Sprachschulung über den Kreis echter, vom Leben vorgezeichneter Bedürfnisse hinausgeht, wirkt nicht bildend, sondern verwirrend und zerstreuend. Dieser Gesichtspunkt ist für die Kräftebildung in allen Unterrichtsbereichen von gleicher Wichtigkeit. *Erziehung und Unterricht haben bei jedem einzelnen Kinde dem wirklichen Leben zu dienen.*

Ich habe der Sprachkraft große Aufmerksamkeit zugewandt. Denn sie ist das Mittelstück zwischen Anschauungskraft und Denkkraft.

Die Ausbildung des Anschauungs- und des Sprachvermögens ist das Fundament der naturgemäßen Ausbildung der Denkfähigkeit. Deshalb muß Denkschulung das Ganze umfassen: Sie beginnt mit der sinnlichen Anschauung, setzt sich naturgemäß fort in der Sprachbildung und vollendet sich im Denken.

Man lehrt die Kinder lesen, noch bevor sie reden können. Man will sie mit Hilfe des Lesebuches reden lehren. Damit zieht man sie von der Sach-Anschauung, diesem natürlichen Fundament des Redens, gewaltsam weg und macht – was unnatürlich ist – den toten Buchstaben zum Anfangspunkt der Sacherkenntnisse.

Das Kind muß schon lange über vieles richtig und bestimmt reden können, bevor es zum vernünftigen Lesen irgend eines Buches reif ist. Aber man will in unseren Tagen immer mehr den Schein der Kraft als die Kraft selber und tötet alle soliden Bildungsmittel durch den wachsenden Glauben an Scheinbildungsmittel.

Der Grundsatz «Das Leben bildet» gilt auch für die Verstandesbildung.

Alles, was im Sinne des «bildenden Lebens» der Verstandesschulung dienen kann, geht von der Anschauung aus. Es fängt damit an, daß das Anschauungsvermögen des Kindes durch Übungen gestärkt und entfaltet wird. Gleichzeitig und in engem Zusammenhang damit muß die Sprache – als Mittelstück zwischen Anschauung und Denken – ausgebildet werden. *Klare Vorstellungen des Kindes von den Gegenständen seiner Umwelt sind das Ergebnis sorgfältiger Übungen im Anschauen und Sprechen.* Dies macht jedoch noch nicht die eigentliche Verstandesschulung aus, bietet ihr aber die notwendige Grundlage. *Verstandesschulung will die sinnlichen Vorstellungen zu deutlichen Begriffen erheben. Die ersten Mittel dazu sind Übungen im richtigen Zusammenstellen, Trennen und Vergleichen der Anschauungsgegenstände.* Wenn man diese Übungen vernachlässigt und statt dessen dem Kinde die Regeln des logischen Denkens beizubringen versucht, lehrt man es nicht denken. Ohne den Zusammenhang mit den grundlegenden Übungen im ordnenden Zusammenstellen, im Trennen und Vergleichen der Dinge, bleibt die Lehre vom logischen Denken für das Kind ein verschlossenes Buch. *Nicht durch Lehrsätze über das Denken, sondern durch die Tätigkeit des Denkens wird der Verstand des Kindes gebildet.*

Als weiteres Mittel zur Ausbildung der Denkfähigkeit kommt die Zahl- und Formlehre mit den Tätigkeiten des Zählens und Messens in Betracht. Es handelt sich dabei aber durchaus nicht um mechanische, das heißt von der Anschauung losgelöste Routine-Übungen. Das Zählen und Messen sind Tätigkeiten, die sich aus der Anschauung von Gegenständen, im Zusammenhang mit den Tätigkeiten des Zusammenstellens, Trennens und Vergleichens natürlich und notwendig ergeben. Sie gehören zu den Grundtätigkeiten des Verstandes und bereiten das selbständige Berechnen vor.

Für die elementarische Anwendung dieser Mittel aber gilt: Es darf dem Kinde nichts gewaltsam eingepfropft werden. Alles muß mit Rücksicht auf den geistigen Entwicklungsstand, auf das Fassungsvermögen des Kindes geschehen. Nichts überläßt die Elementarbildung dem Zufall. Mit aller Sorgfalt wählt und benützt sie ihre Mittel so, daß die naturgemäße Ausbildung des Denkvermögens gesichert und erleichtert wird.

c) Die Mittel der physischen Elementarbildung:

Weil das menschliche Können eng mit dem Verstand verwoben ist, sind die Mittel der Verstandesbildung zugleich auch Mittel zur Ausbildung des Könnens und der Fertigkeiten. Alles, was das Denken und das Urteilsvermögen fördert, fördert auch das Können. Dazu kommen nun die äußeren Mittel der Leibesertüchtigung. Das triebhafte Bedürfnis des Kindes, seine Sinne, seine Sprechorgane, den Leib als Ganzes zu betätigen, bietet den Ansatzpunkt für die Übungen zum Können und den verschiedenartigen Fertigkeiten. Gleich wie die Übungen zur Verstandesbildung müssen auch die Übungen zur Ertüchtigung des Leibes und seiner Glieder elementarisch geordnet sein. Sie dürfen der Entwicklung des Kindes nicht vorauseilen. Aber sie müssen das Kind anregen und das Gefühl in ihm stärken: «Ich kann das auch.»

Ich fasse zuammen:

Wenn die Idee der Elementarbildung in ihrer Wahrheit erkannt, wenn ihre Grundsätze richtig befolgt würden, so wäre der Erfolg derselben gewiß. Dies setzt aber voraus, daß alles, was in Erziehung und Unterricht getan wird, auf Glauben und Liebe gebaut ist.

Dadurch allein ist es möglich, die Ausbildungsmittel der menschlichen Anlagen und Kräfte unter sich in harmonische Übereinstimmung zu bringen. In Übereinstimmung mit diesem wesentlichen Ziel der Elementarbildung muß alles, was zur Ausbildung der Kräfte unternommen wird, den unveränderlichen Gesetzen untergeordnet werden, die in der Menschennatur gegeben sind. Desgleichen muß alles aus der Einheit der Menschennatur hervorgehen und äußerlich mit der Lebenslage, den Verhältnissen und Kräften der Gesellschaft und des einzelnen Menschen in Übereinstimmung gebracht werden.

Wenn der Gang der Natur in der Entfaltung unserer Kräfte nicht richtung- und maßgebend wird für alle Bestrebungen in Erziehung und Unterricht, bauen wir Luftschlösser und richten Verwirrung und Unglück an.

In der ersten Zeit des kindlichen Lebens ist keine elementarische, naturgemäße Bildung denkbar ohne eine Mutter, die durch ihre Herzens- und Geistesanlagen befähigt ist, wahrhaft bildend auf ihr Kind einzuwirken und den Gefahren der Mißbildung entgegenzutreten.

Das große erste Gesetz der Elementarbildung ist die Ruhe des unmündigen Kindes. Die Mutter muß alles tun, um diese Ruhe zu fördern und Störungen derselben zu verhüten.

Elementarische Führung des Kindes im häuslichen Leben bereitet es auf eine segensvolle Benützung seiner Schuljahre vor. Es findet sich dann leicht in alles, was es in der neuen Welt, in die es jetzt eintritt, naturgemäß lernen sollte. Und kommen dann elementarisch gebildete Jugendliche in höhere, wissenschaftliche Lehranstalten oder in eine Berufslehre, so sind sie in einem höheren Grade fähig, diese Anstalten und Werkstätten für ihr künftiges Leben segensvoll zu benützen.

Prüft dies alles, behaltet das Gute, und wenn etwas Besseres in euch selber reift, so setzt es zu dem, was ich euch hier in Wahrheit und Liebe zu geben versuchte, in Wahrheit und Liebe hinzu! Werft das Ganze meiner Lebensbestrebungen nicht weg, wie wenn es schon abgetan wäre. Es ist wahrlich noch nicht abgetan. Vielmehr verdient es eine ernste Prüfung, und zwar nicht um meinetwillen.

Zweiter Teil

Pestalozzis Bild vom Menschen

Aus:

Die Abendstunde eines Einsiedlers[1]

1780

Mit 34 Jahren steht Pestalozzi vor der Tatsache, daß sein Neuhof-Unternehmen mit Landwirtschaft und Armenanstalt nicht durchgehalten werden kann. Es folgen 18 sorgenbeladene Jahre des Suchens nach einer praktischen Lebensaufgabe. In dieser Zeit entsteht eine Reihe bedeutender Schriften: Die Abendstunde, der Dorfroman, die Nachforschungen u. a. Am Anfang dieser Reihe steht die Abendstunde, zu deren Veröffentlichung Pestalozzi durch Ratsschreiber Iselin in Basel ermuntert worden ist.

Pestalozzis Denken kreist hier um die zentrale Frage nach dem Wesen des Menschseins, nach dem, was dem Menschen nottut, um wahrhaft Mensch zu werden. Im Brief vom Januar 1780 an Iselin heißt es: «Ich baue mit Ihnen alle Freiheit auf Gerechtigkeit. Aber ich sehe in dieser Welt keine Gewähr für Gerechtigkeit, außer in den Menschen, die zur Einfalt, Frömmigkeit und Liebe gestimmt sind. Gerechtigkeit in der Familie ist die größte und reinste Gerechtigkeit, die es in der Welt gibt. Ihre Quelle ist die Liebe.»

—

Der Mensch, wie er auf dem Throne und im Schatten des Laubdaches sich gleich ist, *der Mensch in seinem Wesen, was ist er?* Warum sagen's die Weisen uns nicht? Warum nehmen die erhabenen Geister nicht wahr, was ihr Geschlecht sei?

Was der Mensch ist, was er bedarf, was ihn erhebt und was ihn erniedrigt, was ihn stärkt und ihn entkräftet, das zu erkennen, ist Bedürfnis der Hirten der Völker und Bedürfnis des Menschen in den niedersten Hütten.

Warum forscht der Mensch nach Wahrheit ohne Ordnung und Endzweck? Warum forscht er nicht nach den Bedürfnissen seiner

[1] Pestalozzi, Johann Heinrich: Sämtliche Werke. Kritische Ausgabe 1927 und folgende. Verlag de Gruyter Berlin und Orell Füßli Verlag Zürich. Band 1 (in der Folge zitiert: Kritische Ausgabe).

[2] Siehe auch Guyer, Walter: Pestalozzi aktueller denn je. Zürich: Orell Füßli 1975, S. 69 ff.

Natur, damit er darauf den Genuß und den Segen seines Lebens baue? Warum sucht er nicht jene Wahrheit, die ihm Ruhe und Lebensgenuß gibt? Wahrheit, die ihn in seinem Innersten befriedigt, seine Kräfte entwickelt, seine Tage erheitert und seine Jahre beseligt?

Der Mensch, von seinen Bedürfnissen angetrieben, findet die Bahn zu dieser Wahrheit im Innersten seiner Natur.

Du kannst auf dieser Bahn nicht alle Wahrheit brauchen. *Der Kreis des Wissens, durch den der Mensch in seiner Lage gesegnet wird, ist eng, und dieser Kreis fängt nahe um ihn her an, fängt bei seinen nächsten Lebensverhältnissen an, dehnt sich von da aus und muß sich bei jeder Ausdehnung nach dem Mittelpunkt aller Segenskraft der Wahrheit richten. Reiner Wahrheitssinn bildet sich in engen Kreisen, und reine Menschenweisheit ruht auf dem festen Grunde der Kenntnis seiner nächsten Verhältnisse und auf der ausgebildeten Fähigkeit zur Besorgung seiner nächsten Angelegenheiten.*

Diese Menschenweisheit, die sich durch die Bedürfnisse unserer Lebenslage enthüllt, stärkt und bildet unsere Wirkungskraft. Und die Geistesrichtung, die sie hervorbringt, ist einfach und fest hinsehend. Kraft und Gefühl und sichere Anwendung ist ihr Ausdruck.

Mensch, Vater deiner Kinder, dränge die Kraft ihres Geistes nicht in ferne Weiten, bevor er durch nahe Übung Stärke erlangt hat!

Der Mensch verliert das Gleichgewicht seiner Stärke, verliert die Kraft der Weisheit, wenn sein Geist auf einen Gegenstand zu einseitig und gewaltsam hingelenkt wird.

Die Lehrart der Natur ist nicht gewaltsam. Aber in ihrer Bildung ist Festigkeit, und in ihrer Ordnung ist haushälterische Genauigkeit.

Das zerstreute Gewirr des Vielwissen entspricht nicht der Bahn der Natur.

Der Mensch, der mit leichtem Flug jedes Wissen umflattert und nicht durch stille, feste Anwendung seine Erkenntnis stärkt, verliert die Bahn der Natur, verliert den festen, heiteren und aufmerksamen Blick das ruhige, stille, für wahre Freuden empfängliche Wahrheitsgefühl. Bildung der Menschen zur Wahrheit, du bist

Bildung ihres Wesens und ihrer Natur zur beruhigenden Weisheit.

Befriedigung unseres Wesens in seinem Innersten, du bist kein Traum. Dich zu suchen und nach dir zu forschen, ist Ziel und Bestimmung der Menschheit.

Im Innern meiner Natur ist Aufschluß zu dieser Wahrheit. Alle Menschheit ist in ihrem Wesen gleich und hat zu ihrer Befriedigung nur eine Bahn. Darum wird die Wahrheit, die rein aus dem Innersten unseres Wesens geschöpft ist, allgemeine Menschenwahrheit sein.

Alle reinen Segenskräfte der Menschheit sind nicht Gaben der Kunst und des Zufalls. Im Innern der Natur aller Menschen liegen sie mit ihren Grundanlagen. Ihre Ausbildung ist allgemeines Bedürfnis der Menschheit. Darum muß die Bahn der Natur offen und leicht, und die Menschenbildung zu wahrer, beruhigender Weisheit einfach und allgemein anwendbar sein.

*Allgemeine Emporbildung der innern Kräfte der Menschen*natur zu reiner Menschenweisheit ist allgemeiner Zweck der Bildung jedes einzelnen.

Übung, Anwendung und Gebrauch seiner Kraft und seiner Weisheit in den besonderen Lagen und Umständen des Menschen ist Berufs- und Standesbildung. Diese muß immer dem allgemeinen Zweck der Menschenbildung untergeordnet sein.

Wer nicht Mensch ist, in seinen inneren Kräften ausgebildeter Mensch, dem fehlt die Grundlage zur Bildung seiner näheren Bestimmung und seiner besonderen Lage, welchen Mangel keine äußere Höhe entschuldigt.

Die häuslichen Verhältnisse des Menschen sind die ersten und vorzüglichsten Verhältnisse der Natur. Daher bist du, Vaterhaus, Grundlage aller reinen Naturbildung des Menschen.

Der Mensch muß zur inneren Ruhe gebildet werden. Ohne innere Ruhe geht der Mensch auf wilden Wegen dahin. Durst und Drang zu unmöglichen Fernen rauben ihm jeden Genuß des nahen, gegenwärtigen Segens und alle Kraft des weisen, geduldigen und lenksamen Geistes.

Ruhe und stiller Genuß sind die ersten Zwecke der Menschenbildung.

Gott ist die nächste Beziehung der Menschheit.

Auch dein Haus, Mensch, und sein weisester Genuß beruhigt dich nicht immer.

Gewalt und Grab und Tod ohne Gott zu leiden, dazu hast du selber nicht genügende Kraft.

Gott – Vater deines Hauses, Quell deines Segens: in diesem Glauben findest du Ruhe, Kraft und Weisheit, die keine Gewalt, kein Grab in dir erschüttert.

Glauben an Gott – Quelle der Ruhe des Lebens.
Ruhe des Lebens – Quelle innerer Ordnung.
Innere Ordnung – Quelle der unverwirrten Anwendung unserer Kräfte.
Ordnung in der Anwendung unserer Kräfte – Quelle ihres Wachstums und Bildung zur Weisheit.
Weisheit – Quelle alles Menschensegens.
Glauben an Gott – Quelle aller Weisheit und alles Segens und Bahn der Natur zur reinen Bildung der Menschheit.

Glauben an Gott, du bist der Menschheit in ihrem Wesen eingegraben. Wie der Sinn für Gutes und Böses, wie das unauslöschliche Gefühl für Recht und Unrecht, so unwandelbar fest liegst du als Grundlage der Menschenbildung im Innern unserer selbst.

Glauben an Gott, du bist nicht Folge und Resultat gebildeter Weisheit; du bist reiner Sinn der Einfalt, horchendes Ohr der Unschuld auf den Ruf der Natur, daß Gott – Vater ist.

Das Staunen über die Tiefen der Schöpfung und das Forschen in den Abgründen der Schöpfung ist nicht Bildung des Menschen zu diesem Glauben. In den Abgründen der Schöpfung kann sich der Forscher verlieren und in ihren Wassern kann er irre umhertreiben, fern von der Quelle der unergründlichen Meere.

Gott, Vaterdasein in der Hütte der Menschen, Gott im Innersten des Menschen, als Geber seiner Gaben und unserer «Lebensgenießungen»: Das ist die Bildung des Menschen zu diesem Glauben; das ist die Kraft der Natur, die allen Glauben auf Erfahrung gründet.

Wenn dein Vater dein inneres Wesen stärkt, wenn er deine Tage erheitert, deine Kraft zum Ertragen von Leiden stärkt und das

Übergewicht des Segens dir selbst enthüllt, dann erfährst du die Bildung zum Glauben an Gott.

Das Brot, das mein Kind aus meiner Hand empfängt, bildet sein Kindergefühl – und nicht sein Staunen über meine Nachtwachen und mein Sorgen für seine späteren Jahre. Einfalt und Unschuld, reines menschliches Gefühl des Dankes und der Liebe ist Quelle des Glaubens.

Der Fußtritt des Tyrannen über seine Brüder, über die Kinder seines Gottes, erschüttert im Innersten die Menschheit. Die Reihen seiner Erschlagenen, ihre Witwen und ihre Waisen jammern, zittern, hungern und sterben. Wenn Gott der Menschen Vater ist, so ist der Tag ihres Todes nicht der Tag der Vollendung ihres Wesens.

Glaube an dich selbst, Mensch, glaube an den inneren Sinn deines Wesens, so glaubst du an Gott und an die Unsterblichkeit.

Vatersinn und Kindersinn, dieser Segen deines Hauses, Mensch, ist Folge des Glaubens. Der Genuß deiner Rechte, Hausvater, die wonnevolle Ergebung deines Weibes und das innige Dankgefühl deiner Kinder ist Folge deines Glaubens an Gott.

Glauben an meinen Vater, der Gottes Kind ist, ist Bildung meines Glaubens an Gott. Mein Glaube an Gott ist Sicherstellung meines Glaubens an meinen Vater und an jede Pflicht meines Hauses.

Glauben an Gott ist Quelle des reinen Vater- und Brudersinnes und ist Quelle aller Gerechtigkeit.

Gerechtigkeit ohne Vater- und ohne Brudersinn ist trügerischer Schein ohne Segenskraft.

Sicherheit, Unschuld und Gefahrlosigkeit, diese Quellen reiner Volkstugend, sind Folgen einer weisen und väterlichen Gerechtigkeit, sind Folgen des Glaubens.

Unglaube ist Quelle der Zerstörung aller inneren Bande der Gesellschaft.

Die Folgen des Unglaubens sind täglich steigende Laster, täglich abnehmende Vatergüte, willkürliche Gewalt ohne Segenszweck, bizarre, unnatürliche Regierungsfratzen, drückende Zwischengewalt, Aussaugen des Markes des Volkes, abnehmende Volkskraft gegen diese Zwischengewalt. Dies alles ist unter einer ungläubigen, die Rechte der Gottheit und der Menschheit verachtenden Regierung unvermeidlich.

Ich berühre Saiten, die ungestimmt liegen und nicht im Modeton klingen.

Alle Familiengerechtigkeit, welche die größte, reinste und allgemein in aller Welt genossene Gerechtigkeit ist, kommt nur aus der Liebe.

So wie alle Gerechtigkeit auf Liebe beruht, so beruht auch Freiheit darauf. Reiner Kindersinn ist die wahre Quelle der Freiheit, die auf Gerechtigkeit beruht, und reiner Vatersinn ist die Quelle aller Regierungskraft, die stark genug ist, um Gerechtigkeit walten zu lassen und Freiheit zu lieben.

Gerechtigkeit, Liebe und Brudersinn beruhen auf dem großen Gedanken der Religion, daß wir Kinder Gottes sind und daß der Glaube an diese Wahrheit der sichere Grund alles Weltsegens ist. *In diesem Gedanken liegt der Geist aller wahren Staatsweisheit, die reinen Volkssegen sucht.*

Gottvergessenheit, das Verkennen des Vater-Kindverhältnisses löst die Segenskraft der Sitten und der Weisheit auf. Deshalb ist der verlorene Kindersinn des Menschen gegen Gott das größte Unglück der Welt, und die Wiederherstellung dieses verlorenen Kindersinnes ist Erlösung der verlorenen Gotteskinder auf Erden.

Der Mann Gottes, der mit seinem Leiden und Sterben der Menschheit das allgemein verlorene Gefühl des Kindersinnes gegen Gott wieder hergestellt hat, ist der Erlöser der Welt. Er ist Mittler zwischen Gott und der gottvergessenen Menschheit.

Aus:

Lienhard und Gertrud

Ein Buch für das Volk [1]

Erste Fassung 1787, Vierter Teil

Der Dorfroman ist Pestalozzis umfangreichstes Werk. Die hohe Bedeutung, die ihm der Verfasser selber beigemessen hat, kommt schon darin zum Ausdruck, daß er ihn zwischen 1781 und 1819/1820 in drei Fassungen herausgegeben hat. Das hier folgende kurze Textstück ist der frühesten Fassung entnommen, deren Veröffentlichung Pestalozzi als Schriftsteller den ersten Ruhm eingetragen hat.

Das düstere Bild vom vernachlässigten und verwahrlosten Menschen findet auch in der zweiten Hälfte des 20. Jahrhunderts in erschreckend großer Zahl tragischer Lebensschicksale seine uneingeschränkte Bestätigung. Und die Gefährdung aller Formen menschlichen Zusammenlebens durch schlechte Erziehung ist heute gewiß nicht geringer einzuschätzen, als wie Pestalozzi sie gesehen hat.

—

«Die Philosophie meines Leutnants und diejenige meines Buches»:

Der Mensch ist von Natur, wenn er sich selbst überlassen wird und wild aufwächst, träge, unwissend, unvorsichtig, unbedachtsam, leichtsinnig, leichtgläubig, furchtsam und grenzenlos gierig. Durch die Gefahren, die ihm in seiner Schwäche zustoßen, wird er dann krumm, verschlagen, heimtückisch, mißtrauisch, gewalttätig, verwegen, rachgierig und grausam.

Das ist der Mensch, wie er werden muß, wenn er sich selbst überlassen bleibt. In diesem Zustand nützt er der Gesellschaft nicht nur nichts, sondern er ist für sie im höchsten Grad gefährlich. *Deshalb muß die Gesellschaft, wenn der einzelne für sie einen Wert haben oder auch nur erträglich sein soll, aus ihm etwas ganz anderes machen, als er von Natur ist.*

[1] Kritische Ausgabe, Band 3.

Der ganze bürgerliche Wert des Menschen und alle seine der Gesellschaft nützlichen und brauchbaren Kräfte beruhen auf Einrichtungen, Sitten, Erziehungsarten und Gesetzen, die ihn in seinem Innersten verändern und umstimmen, um ihn auf den Weg einer Ordnung zu bringen, die den ursprünglichen Trieben seiner Natur widerspricht.

Soweit dem Menschen wahre bürgerliche Bildung fehlt, ist er Naturmensch. Und er bleibt ein im Innern schwaches und gefährliches Geschöpf, wenn die bürgerlichen Einrichtungen, Erziehungsarten, Sitten und Gesetze leere Formen sind. Er bleibt, trotz seines äußerlichen Bürgerlichkeitsgehabens, ein unbefriedigter Naturmensch mit allen Fehlern, Schwächen und Gefährlichkeiten dieses Zustandes. Einerseits ist er der Gesellschaft so wenig nützlich, so wenig sie vor ihm sicher ist. Er drückt und verwirrt sie, wo er kann und mag. Anderseits hat er von der Gesellschaft nichts, was ihn befriedigen könnte. In seiner Verwahrlosung wäre es für ihn gewiß besser, außerhalb der bürgerlichen Gesellschaft – sozusagen im Walde – seine nichtigen Tage tierisch und wild, ungehemmt und ungefesselt zu verbringen, statt aus Mangel an bürgerlicher Bildung den Fluch einer Kette zu ertragen, die ihn verwirrt und im Genuß seiner Naturtriebe einschränkt und von ihm fordert, das zu sein, was weder Gott noch Menschen aus ihm gemacht haben.

Indessen ist es keineswegs leicht, aus dem Menschen etwas ganz anderes zu machen, als er von Natur ist. Es verlangt die ganze Weisheit eines Gesetzgebers, der die menschliche Natur bis in die Tiefen kennt; oder auch: es verlangt die Frömmigkeit einer Engelstugend, den Menschen dahin zu bringen, daß er beim Werk seines bürgerlichen Lebens und bei der Verrichtung seiner Standes-, Amts- und Berufspflichten eine Laufbahn findet, die das Innere seiner Natur befriedigt. Jede Lücke in der bürgerlichen Gesellschaft, jede Ahnung, durch Gewalt oder List seine natürliche Freiheit behaupten und außerhalb der bürgerlichen Ordnung zur Befriedigung seiner Naturtriebe gelangen zu können, das alles facht den Funken der Empörung gegen diese Kette wieder an.

So viel – und nicht weniger – hat ein Gesetzgeber zu bekämpfen, der den Menschen durch die bürgerliche Verfassung glücklich machen und ihm die ersten Vorteile der gesellschaftlichen Verbindung, Gerechtigkeit und Sicherheit, nicht nur versprechen, sondern auch halten will.

Denn wo man die Menschen wild aufwachsen und werden läßt, was sie von selbst werden, da ist Gerechtigkeit und Sicherheit in einem Staat ein bloßer Traum.

Beides, Gerechtigkeit und Sicherheit, ist in einem Staat nur insofern möglich, als die Menschen, die darin wohnen, von den Hauptfehlern ihres Naturlebens (namentlich vom Aberglauben, von Leichtsinn, Gedankenlosigkeit, Liederlichkeit, Furchtsamkeit, von Unordnung, schwärmerischen Lebensarten, vom Trotz ihrer Dummheit, vom Unsinn ihres gierigen Gehabens, von der Gewaltsamkeit ihrer Ansprüche und von der Grausamkeit ihrer Rache) geheilt und zu denkenden, vorsichtigen und tätigen Menschen gemacht werden, die im Zutrauen wie im Mißtrauen sicher gehen und über jene Fertigkeiten und Kräfte verfügen, die sie im bürgerlichen Leben benötigen.

Wo die Gesellschaft aber mit ihren Gliedern handelt wie ein Bauer, der aus seinem Weinberg nimmt, was Gott und die Rebe geben, ohne ihn im Frühjahr zu hacken und im Sommer zu schneiden und zu binden, da muß die bürgerliche Gesellschaft – es ist nicht anders möglich – eine Gerechtigkeit und eine Sicherheit erhalten, die aussieht wie eines jeden liederlichen Haushalters Hausordnung.

Wo immer es so ist, da ist Sicherheit der Person und des Eigentums, Freiheit und Gerechtigkeit ein trügerischer Schein, weil das Volk unter diesen Umständen zu einem Gesindel wird.

Alle Gerechtigkeit, welche unter diesen Umständen in einem Staate möglich ist, ist denn auch nichts anderes als eine armselige Notjagd gegen verwahrloste und verwilderte Tiermenschen. Damit ändert und verbessert man den Menschen ebenso wenig, wie die Fallen und Gruben im Wald den Fuchs, den Bären und den Wolf anders machen, als sie sind.

Dieses Geschlecht wird nicht anders und nicht besser außer durch eine mit seiner Natur übereinstimmende Bildung und Führung: Es muß mit Weisheit zu seiner bürgerlichen Bestimmung emporgehoben und zu dem gemacht werden, was es in der Welt wirklich sein soll.

Aus:

Meine Nachforschungen über den Gang der Natur in der Entwicklung des Menschengeschlechts[1]

1797

Im Gesamtwerk Pestalozzis nimmt diese Schrift eine Sonderstellung ein. Sie zeigt nicht den glaubensstarken Mann der «Abendstunde» und rückt ab von der über Stans und Burgdorf bis Yverdon gültigen Generallinie der Menschenbildung: Glaube und Liebe. Als Frucht schmerzlich-aufwühlenden und in schwerer Krisenzeit zweiflerisch gewordenen Denkens entsteht ein Menschenbild, dem ernsthaft nachzudenken sich lohnt. Es bildet den Kern einer politischen Philosophie. Und mehr als das: Mit den Begriffen des tierischen, des gesellschaftlichen und des sittlichen Menschen wird eine pädagogische Anthropologie entworfen, die dem modernen Menschen zur Kopfklärung dienen kann, weil sie eindrücklich zeigt, daß der Weg zum echten Menschsein über die Arbeit des einzelnen an sich selbst führt[2].

—

Was bin ich, und was ist das Menschengeschlecht? Was habe ich getan? und was tut das Menschengeschlecht?

Ich will wissen, was der Gang meines Lebens, wie es war, aus mir gemacht hat;

ich will wissen, was der Gang des Lebens aus dem Menschengeschlecht macht.

Ich will wissen, von was für Fundamenten mein Tun und Lassen und von was für Gesichtspunkten meine wesentlichsten Meinungen ausgehen müssen.

Der Gang meiner Untersuchung kann seiner Natur nach keine andere Richtung nehmen als diejenige, die die Natur meiner individuellen Entwicklung selbst gegeben hat.

[1] Kritische Ausgabe, Band 12.

[2] Siehe auch W. Guyer, a. a. O. S. 81 ff.

Ich kann und soll hier eigentlich nichts wissen und nichts suchen als die Wahrheit, die in mir selbst liegt.

Ich bin überzeugt, meine Wahrheit ist Volkswahrheit, und mein Irrtum ist Volksirrtum.

Die Grundlage meiner Nachforschungen

Der Mensch kommt durch die Schwierigkeiten seines tierischen Zustandes zu Einsichten.

Seine Einsichten führen ihn zum Erwerb,
der Erwerb zum Besitzstand,
der Besitzstand zum gesellschaftlichen Zustand,
der gesellschaftliche Zustand zu Eigentum, Macht und Ehre,
Ehre und Macht zu Unterwerfung und Beherrschung,
Unterwerfung und Beherrschung zum Adel, zum Dienste und zur Krone.
Alle diese Verhältnisse rufen einen gesetzlichen Rechtszustand herbei.
Das gesetzliche Recht will bürgerliche Freiheit.

Ich folge dem Gang der Natur weiter und finde in mir selbst ein Wohlwollen, das mich in meinem Innersten veredelt. Fehlt mir das Wohlwollen, dann werde ich – bei allen Vorzügen meines gesellschaftlichen Daseins – in meinem Innersten entwürdigt.

Ich frage mich jetzt: ist die Reihe dieser Vorstellungen richtig? geht die Natur in der Entwicklung des Menschengeschlechtes diesen Weg? und fasse dann jeden Hauptbegriff dieser Sätze einzeln ins Auge.

Die Kenntnisse, das Wissen des Menschen

Die menschliche Erkenntnis entspringt aus der Unbeholfenheit unserer Natur in ihrer tierischen Freiheit. Diese führt unser Geschlecht zur Vereinigung seiner Kräfte. Und der erste Zweck dieser Vereinigung ist, die Genüsse des Lebens, die unsere Natur fordert, uns leichter, sicherer und befriedigender verschaffen zu können, als es uns ohne Vereinigung unserer Kräfte mit andern möglich wäre.

Der ursprüngliche Zweck des menschlichen Denkens und Wissens stimmt mit dem Zweck der menschlichen Vereinigung überein. Offensichtlich aber entfernt sich die gesellschaftliche Menschheit durch ihr Wissen immer mehr von diesem Zweck. Wir verfallen immer mehr der schwärmerischen Neigung, uns den Kopf mit fremden, uns gar nicht mehr berührenden Gegenständen anzufüllen. Weshalb viele Menschen mit den ausgebreitetsten Kenntnissen dennoch in ihren wesentlichsten Angelegenheiten handeln, wie wenn sie nichts wüßten, und Gefahr laufen, Träumer, Bettler und Schurken zu werden.

Erwerb

Er entspringt, wie der Verstand, aus der Not des Menschen im Verderben des Naturzustandes. Er geht von meiner Selbstsorge aus und soll mich zur Befriedigung meiner selbst in meinen Lebensverhältnissen hinführen. Das Recht zum Erwerb beruht auf dem Zweck der gesellschaftlichen Vereinigung. Aber der Mensch im gesellschaftlichen Zustand dehnt das Recht zum Erwerb weit über den Zweck dieser Vereinigung aus. Daher gibt ihm der Erwerb bald allgemein die verschobene Richtung, so daß er den Zweck desselben verfehlt. Damit verliert er die Behaglichkeit des Naturlebens und die wohlwollende Gemütsstimmung – das wesentliche Kennzeichen seiner inneren Befriedigung und seiner Kraft.

Eigentum – Besitzstand

Zweck und Recht des Eigentums müssen ebenfalls von meiner Selbstsorge ausgehen. Aber der Mensch im gesellschaftlichen Zustand genießt dieses Recht und erkennt den Zweck nicht. Im Gegenteil, das Eigentum ist in seiner Hand Pandorens Büchse[1] geworden, aus der alle Übel der Erde entsprungen sind.

Eine ursprüngliche Rechtmäßigkeit des Besitzstandes oder eine Möglichkeit, den ursprünglich rechtmäßigen vom ursprünglich unrechtmäßigen Besitzstand zu sondern, vermag ich mir nicht zu denken.

Welchen Ursprung er auch immer gehabt habe, das geht uns weiter nichts an. Wir müssen ihn respektieren, weil er ist. Aber wie er gebraucht wird, und wie er gebraucht werden darf, das geht uns unendlich viel an. Je größer das gesellschaftliche Eigentum,

[1] Pandorens Büchse = Quelle des Unheils (griechische Mythologie).

je mehr ist es mit den Rechten vieler anderer, die daran teilhaben, belastet und kann folglich dem Zweck der gesellschaftlichen Vereinigung soweit Genüge leisten, als die Mitnutznießer, in ihren Rechten gesichert, sich durch dasselbe einen befriedigenden Ersatz ihrer Naturrechte verschaffen können.

Der Mann mit beschränktem Besitz zieht mit gleicher Tätigkeit und mit gleichen Kenntnissen Nutzen aus demselben, dem sich der große Reichtum nie nähern kann. Was ist in einem Staat das Verhältnis der Eigentümer gegen die Nichteigentümer? – Gehört unsern besitzlosen Mitmenschen, die mit gleichen Naturrechten wie wir geboren sind, – gehört diesen Staatsbürgern, die jede Last der gesellschaftlichen Vereinigung siebenfach tragen, keine ihrer Natur befriedigende Stellung in unserer Mitte? – Fürchtet euch nicht, Besitzer der Erde, es geht hierin wahrlich mehr um Grundsätze als um Almosen, mehr um Rechtsgefühl als um Spitäler, mehr um Selbständigkeit als um Gnaden.

Gewiß ist, daß der große Besitzstand in der Welt nicht einmal in einem realen Verhältnis zum kleinen belastet ist, und daß man die Reichen ihre Vermögen täglich mehr auf eine Art anhäufen läßt, die die Welt mit elenden, tief verdorbenen Menschen voll macht. Auch das ist wahr: wenn die Folgen dieses Volksverderbens sichtbar werden, so wirft man immer mehr die Schuld auf diejenigen, die verdorben worden sind und nicht auf diejenigen, die verdorben haben und immer fortfahren, mit ihrem Vorteil tausend Umstände zu veranstalten, unter welchen das Volk notwendig schlecht werden muß.

Macht

Das gesellschaftliche Recht ist ganz und gar kein sittliches Recht, sondern eine bloße Modifikation des tierischen.

Inzwischen liegt der Macht freilich alles daran, daß ich ein sittlicher Mensch sei und sie nie in den Fall komme, daß mein Tiersinn sich an dem ihrigen reibe. Die Macht leitet es deswegen auf der ganzen Erde dahin, dem Menschengeschlecht das Verhältnis zwischen ihr und dem Volk als ein sittliches vorzutäuschen. Aber die Neigung der Macht, sich für ein sittliches Verhältnis auszugeben, ändert die wahre Lage nicht. Und wenn die Machthaber diese Neigung zum Deckmantel ihrer bürgerlichen Gesetzlosigkeit und ihres gesellschaftlichen Unrechts brauchen, so tun sie hierin nichts anderes, als was der Wolf und der Fuchs, wenn sie könnten, auch tun würden, um das Schaf und die Henne zu einem unbedingten Zutrauen zu bewegen.

Wahr ist indessen auch: wenn die Macht, durch persönlichen Edelmut freiwillig oder durch die Weisheit der Gesetze gezwungen, in den Schranken der Rechtlichkeit feststeht, so ist ihre Meinung in diesem Fall dem Staat oft ganz unschädlich; sie kann ihm unter gewissen Umständen sogar vorteilhaft sein.

So sehr die Macht wünscht, daß ich ein sittlicher Mensch sei, so darf sie es als Macht nicht von mir fordern.

Die Macht darf nur insoweit von mir fordern, daß ich ein sittlicher Mensch sei, als sie selbst sittlich, das heißt, als sie nicht Macht ist, nicht als Macht handelt.

Freiheit

Unser Geschlecht hat eine allgemeine und starke Neigung, im Genuß seiner Lebensansprüche unabhängig und selbständig zu sein. Naturfreiheit ist Genuß dieser Selbständigkeit im vollen Leben meiner tierischen Kraft. Bürgerliche Freiheit ist Ersatz für Naturfreiheit, Besitz gesellschaftlicher Selbständigkeit.

Es ist freilich wahr: meine Neigung zur Selbständigkeit wird durch meine Trägheit und meinen Hang zum Genuß in mir selbst geschwächt. Und es ist unstreitig, man kann mich durch sichern Sinnengenuß unter allen Umständen zum schwächlichen Haustier umbilden – aber von Natur bin ich kein solches; ich will da immer lieber herrschen als dienen.

Im bürgerlichen Leben ist alles Tun und Lassen des gesellschaftlichen Menschen ein ewiges Haschen nach Selbständigkeit – freilich ein ohnmächtiges Haschen.

Armes Geschlecht, das höchste Ziel deiner Gesetzgebung ist, dich entwürdigt zu füttern, und der alternde Weltteil lobt seine Weisheit, wenn du von diesem Futter nur fett wirst.

Religion

Der Mensch findet in seiner Natur keine Beruhigung, bis er das Recht seiner tierischen Sinnlichkeit in sich selbst verdammt hat. Aber er scheint die Kraft nicht zu besitzen, diesem Bedürfnis seines Wesens Genüge zu leisten.

Er will einen Gott fürchten, damit er Recht tun kann; er will einen Gott fürchten, damit der Tiersinn seiner Natur, den er an sich selber verachtet, ihn nicht länger in seinem Innersten entwürdigt. Er fühlt, was er zu tun vermöchte, und macht sich nun das, was er kann, zum Gesetz dessen, was er soll.

Diesem Gesetz, das er sich selber gibt, unterworfen, unterscheidet er sich von allen Wesen, die wir kennen. Hätte der Mensch nicht die Ahnung einer Hoffnung über das Grab hinaus, so wären Recht und Wahrheit von der Erde verbannt. Also sei mir heilig, kühnstes Wagestück meiner Natur, Erhebung meiner Traumkraft über ihre tierischen Grenzen! Du erhältst die Schamröte im Leib meines Todes, du erzeugst die Tränen des reuigen Sünders, des kämpfenden Beters mächtige Kraft, des hohen Dulders sich opfernden Sinn, der Demut nie ermüdende Weisheit und der Selbstverleugnung menschenändernde Tugend.

Bild des Menschen

Ich ging nun weiter und fragte mich:

Warum geht mein Geschlecht im Jammer der Rechtlosigkeit und im Elend innerer Entwürdigung zugrunde, indessen einzelne Menschen sich zu einer merklichen Höhe bürgerlichen Wohlstandes und sittlicher Veredlung erheben?

Soviel sah ich bald: Die Umstände machen den Menschen. Aber ich sah ebenso bald: Der Mensch macht die Umstände; er hat eine Kraft in sich, dieselbe vielfältig nach seinem Willen zu lenken.

So wie er dies tut, nimmt er selbst Anteil an der Bildung seiner selbst und am Einfluß der Umstände, die auf ihn wirken.

Ich sah es immer deutlicher: Der Mensch – oder vielmehr ich selber stelle mir Wahrheit und Recht wesentlich ungleich vor, je nachdem, ob ich empfinde, denke und handle, wie der Mensch ohne Zwang und Gewalt immer empfindet, denkt und handelt,

– oder ob ich empfinde, denke und handle, wie der Mensch durch die Kunst und den Zwang des bürgerlichen Lebens zu empfinden, zu denken und zu handeln lernt,

– oder endlich, ob ich empfinde, denke und handle, wie ich soll, wenn ich meine innere Unabhängigkeit von meiner tierischen Begierde und von meinen gesellschaftlichen Ansprüchen als Fundament meines Urteils über Wahrheit und Recht anerkenne.

Wahrheit und Recht kommen mir in einem ungleichen Licht vor, wenn ich meinen Instinkt, oder wenn ich meine bürgerlichen Anmaßungen, oder wenn ich die Übereinstimmung mit dem Edelsten, Besten, das ich zu erkennen vermag, in mir selbst zum Fundament meines Urteils über Wahrheit und Recht anerkenne.

Ich nahm also an, der Mensch, oder vielmehr ich selbst stelle mir die Welt auf drei verschiedene Arten vor, und deswegen sei die Vorstellung von Wahrheit und Recht in mir selbst wesentlich verschieden:

Ich habe in mir selbst eine tierische Wahrheit, das heißt, ich habe in mir selbst eine Kraft, alle Dinge dieser Welt als ein für mich selbst bestehendes Tier anzusehen.

Ich habe eine gesellschaftliche Wahrheit, das heißt, ich habe eine Kraft, alle Dinge dieser Welt als ein mit seinem Nebenmenschen in Vertrag stehendes Geschöpf anzusehen.

Ich habe eine sittliche Wahrheit, das heißt, ich habe eine Kraft, alle Dinge dieser Welt unabhängig von meinen tierischen Bedürfnissen und von meinen gesellschaftlichen Verhältnissen gänzlich nur in dem Gesichtspunkt, was sie zu meiner inneren Veredlung beitragen, ins Auge zu fassen.

So wie meine Vorstellungen von Wahrheit und Recht eine Folge meines tierischen Instinkts oder meiner gesellschaftlichen Ansprüche oder meiner sittlichen Kraft sind, so bin ich in mir selbst ein dreifach verschiedenes, *ein tierisches, ein gesellschaftliches* und *ein sittliches Wesen.*

Was bin ich im tierischen Zustand?

Der Mensch in diesem Zustand ist ein reines Kind seines Instinkts und neigt einfach und harmlos zu jedem Sinnengenuß hin.

Solange er einfach und harmlos an der Hand des Instinkts leichten Sinnengenuß findet, nennen wir ihn einen unverdorbenen Naturmenschen. Wenn er aber diesen Sinnengenuß nicht mehr sorgenlos und leicht findet und dadurch seine Harmlosigkeit und sein tierisches Wohlwollen verliert, heißen wir ihn einen verdorbenen Naturmenschen.

Aber worin besteht denn die Unverdorbenheit des Naturmenschen? Sie beruht auf der Behaglichkeit der sicheren und anstrengungslosen Wunschbefriedigung.

Ist aber ein solcher Zustand unseres Geschlechtes denkbar? Lebten die Menschen jemals gänzlich ohne die Last des Übels, ohne Besorgnisse, ohne Mißtrauen und ohne Abhängigkeit von irgend einer unsicheren Sache, von irgend einem fremden Willen? Diese Frage ist die nämliche wie die: Gibt es eine Zeit, in welcher die Kindheit des Menschen ganz rein ist, in welcher das Kind ganz ohne üble Erfahrung, ohne Schmerz, also ganz ohne Leiden, ohne Sorgen, ohne Mißtrauen und ohne Abhängigkeits- und Unsicherheitsgefühl in der Welt lebt?

Allerdings gibt es einen solchen Zustand: es ist der Zustand bis zum Augenblick, in welchem das Kind auf die Welt kommt. Aber sobald dieser Augenblick da ist, verändert sich dieser Zustand: Beim ersten weinenden Laut ist die Grenze der tierischen Harmlosigkeit des Kindes schon überschritten.

Was bin ich im gesellschaftlichen Zustand?

Der gesellschaftliche Zustand besteht wesentlich in Einschränkung des tierischen Zustandes.

Aber der Mensch schränkt die Wonne dieses Zustandes nicht ein, bis er muß, und er muß es nicht, bis er in diesem Stand tief verdorben und sein tierisches Wohlwollen dahin ist.

Der Naturmensch weiß nicht, was er durch diesen Übergang verliert.

Die Unbehaglichkeit, die er flieht, wird das Fundament des Lebens, in das er sich stürzt. Er will die Wonne des verlorenen Naturlebens wieder herstellen; dafür wird der eine ein Schneider, der andere Gelehrter, einer treibt dafür Esel über den Berg, ein anderer schickt Taglöhner in den Wald.

Ob der Mensch es will oder nicht: er ist im Joch des gesellschaftlichen Lebens gezwungen, vorzugsweise jenes Glied am Leibe und jene Kraft der Seele zu gebrauchen, die ihm Brot verschaffen können; mag es auch zum Nachteil aller seiner übrigen Glieder und Kräfte sein.

Die allgemeine Schiefheit der Menschen in allen bürgerlichen Verhältnissen und ihre allgemeine Verhärtung im gesellschaftlichen Zustand ist eine Folge der inneren Verstümmelung der Naturkräfte unseres Geschlechts in diesem Stand.

Aus ihr entspringen besondere Gefühle des Esprit du Corps in allen Verhältnissen: die Patriziergefühle, die Adligengefühle, die Staatsmannsgefühle, und mit ihnen alle Arten bürgerlicher Anmaßungen, mit welchen der Mensch seine tierische Stellung im gesellschaftlichen Zustand beschützt wie der Tiger seine Höhle.

Der Vorsatz, die Ansprüche meiner tierischen Natur im gesellschaftlichen Zustand durch jede Kraft, die ich in meine Hand bringe, und durch jedes Raffinement, dessen meine Arglist fähig ist, gegen jedermann zu behaupten, ergibt sich aus meinem Bestreben, mich in der bürgerlichen Gesellschaft zu behaupten. Und diesem Bestreben ist jeder treu: ich, der Schneider, der König und alle, ein jeder nach seiner Lage und nach seiner Kraft.

Je größer diese Kraft, je größer ist auch der Reiz meiner tierischen Selbstsucht zu gewaltsamer Beschützung meiner tierischen Anmaßung. Daher steigen die Übel des gesellschaftlichen Zustandes immer in dem Grad, als unverhältnismäßige tierische Kräfte in ihm freien Spielraum finden.

Es ist schon wahr, daß das Wesen des gesellschaftlichen Zustandes das tierische Wohlwollen meiner Natur in mir schwächt. Wenn dann zu diesem allgemeinen Grundübel dieses Zustandes noch ein großes Übergewicht gesellschaftlicher Kräfte einen ungezähmten Spielraum findet: Wer kann die menschliche Natur kennen und glauben, daß es in der Welt anders aussehen sollte, als es wirklich darin aussieht?

Der gesellschaftliche Zustand ist in seinem Wesen eine Fortsetzung des Krieges aller gegen alle, der im Verderben des Naturstandes anfängt und im gesellschaftlichen nur die Form ändert, aber nicht mit weniger Leidenschaft geführt wird, im Gegenteil: Der Mensch führt ihn in diesem Zustand mit der ganzen Schiefheit und Härte seiner verstümmelten und unbefriedigten Natur. Der Mensch weiß es nie, wenn er aus Selbstsucht handelt; er dichtet sich in allem Tun seines Lebens edlere Beweggründe an als die, die ihn wirklich leiten.

Alle seine gesellschaftlichen Angewöhnungen vermögen es nicht, die Neigungen seiner ursprünglichen, tierischen Entwicklung in ihm auszulöschen. Auch da, wo König und Schwert, Gesetz und Beruf den Instinkt bis auf seine Wurzeln auszulöschen scheinen, auch da liebt der Mensch seine Gazelle, sein Kind, seinen Hund und sein Pferd. Leerheit des Geistes und das Versinken in Träume ist ihm Wonne des Lebens, und er liebt alles, was neu ist, und alles, was glänzt.

Der Reichtum macht ihn schlapp wie der Genuß der schwelgenden Natur. Monopole und übel kalkulierte Standesrechte machen ihn barbarisch, und die Mühseligkeit in der Wohnstube beugt seinen Nacken wie die Mühseligkeit (des Lebens) in Grüften und Höhlen. Und wenn er im Besitz des Reichtums und der Macht gewaltsamer erscheint als in Abhängigkeit und Armut, so ist dieser Unterschied nicht wesentlich. Die Grundlagen der menschlichen Natur bleiben in allen Verhältnissen des gesellschaftlichen Lebens immer die nämlichen.

Der Mensch als Geschlecht ist nur tierisch und als tierisch sich immer gleich.

Deswegen ist auch die Selbständigkeit, auf die der Mensch im gesellschaftlichen Leben Ansprüche macht, allgemein mit der ganzen Lebhaftigkeit seiner tierischen Naturgefühle belebt.

Naturfreiheit und gesellschaftliches Recht sind in unserem Geschlecht ewig im Kampf. Der Mensch geht im Joch des bürgerlichen Lebens einher, ohne die Wonne des Naturstandes gekannt zu haben. Er ist durch seine Täuschung befriedigt und imstande, sich in allen Beschwerlichkeiten des bürgerlichen Lebens einen befriedigenden Ersatz des nicht gekannten und nicht genossenen Naturstandes zu verschaffen.

Aber wird der Mensch durch die Folgen seiner bürgerlichen Bildung und seines gesellschaftlichen Rechts in seinem Innersten beruhigt? Befriedigt auch der beste gesellschaftliche Zustand mein Geschlecht zuverlässig?

Wenn ich in meinem Stand und Beruf alles bin, was ich darin werden kann, wenn ich im vollen Sinne des Wortes Bürger bin,

wenn das Wort meiner Väter: Freiheit – Freiheit – wieder laut schallen würde im Mund glücklicher, ungekränkter, rechtlicher Menschen, wäre ich dann in meinem Innersten befriedigt?

Ich sollte es denken; aber es nicht wahr.

Ich lebe als Tiermensch vollends unbefriedigt im gesellschaftlichen Zustand. Der Genuß des Rechts ist für mein tierisches Wesen nur Schein. – Der gesellschaftliche Zustand weckt in jedem

Verhältnis Bedürfnisse, die er nicht befriedigt, und Neigungen, die er wieder erstickt.

Die Lücke, die meine gesellschaftliche Verstümmelung in meine tierische Natur hineingebracht hat, fordert dringlich eine Ausfüllung, und hier ist es, wo sich die gesellschaftliche Kraft meiner Natur an die *sittliche* anschließt.

Was bin ich im sittlichen Zustande?

Ich besitze eine Kraft, mir alle Dinge dieser Welt vorzustellen – unabhängig von meinem tierischen Begehren und von meinen gesellschaftlichen Verhältnissen – *gänzlich nur im Hinblick darauf, was sie zu meiner inneren Veredlung beitragen.*

Diese Kraft ist im innersten meiner Natur selbständig. Ihr Wesen ist auf keine Weise eine Folge irgend einer andern Kraft meiner Natur.

Sie ist, weil ich bin, und ich bin, weil sie ist.

Sie entspringt aus meinem Gefühl, ich vervollkommne mich selbst, wenn ich mir das, was ich soll, zum Gesetz dessen mache, was ich will.

Meine tierische Natur kennt diese Kraft nicht. Als gesellschaftliches Geschöpf kenne ich sie ebenso wenig.

Wir können im gesellschaftlichen Zustand ganz füglich ohne Sittlichkeit untereinander leben, einander Gutes tun, einander willfahren, Recht und Gerechtigkeit untereinander handhaben, ohne alle Sittlichkeit.

Die Sittlichkeit ist ganz individuell; sie besteht nicht unter zweien.

Kein Mensch kann für mich fühlen: ich bin.

Kein Mensch kann für mich fühlen: ich bin sittlich.

Wir müssen gesellschaftlich ganz ohne Glauben an gegenseitige Sittlichkeit untereinander leben. Aber mitten durch diesen Unglauben bildet sich ihr Bedürfnis in meinem Innersten und erhebt mich zu dem Gefühl, *daß es in meiner Hand ist, mich selbst zu einem edleren Geschöpf zu machen, als Natur und Geschlecht mich zu machen imstande sind.*

Wenn der Mensch im schuldvollen Leben sich verschüttet sieht wie ein überworfenes Gebirge, so geht er aus seiner Höhle und verwendet sein Leben, um sich selbst wieder zu reinigen von den greulichen Folgen seines tierischen Verderbens.

Da ist es, wo ich auf den Trümmern meiner selbst wieder lächle und mich selbst wieder aufbaue zu einem bessern Leben.

Wir kennen von der Sittlichkeit unserer Natur eigentlich wenig außer dieser Arbeit an unserm verschütteten Selbst.

Meine Sittlichkeit ist eigentlich nichts anderes als die Art und Weise, wie ich den reinen Willen, mich zu veredeln, an das bestimmte Maß meiner Erkenntnis und an den bestimmten Zustand meiner Verhältnisse ankette und als Vater, als Sohn, als Obrigkeit, als Untertan, als freier Mann mir reine und aufrichtige Mühe gebe, in allen diesen Verhältnissen nicht meinen eigenen Nutzen und meine eigene Befriedigung, sondern den Nutzen und die Befriedigung derer zu suchen, denen ich nach meiner Überzeugung sowohl Obsorge, Pflege, Schutz und Recht, als auch Gehorsam, Treue, Dankbarkeit und Ergebenheit schuldig bin.

Als Werk meiner selbst erhebe ich mich über den Irrtum und das Unrecht meiner selbst, das heißt: Ich erkenne durch die *Kraft meines Gewissens* das Unrecht meiner tierischen Natur und meiner gesellschaftlichen Verhärtung. Im gesellschaftlichen Zustand mangelt mir sowohl die Reinheit meines tierischen Wohlwollens als die Reinheit meines unverhärteten Gewissens.

Nur als Werk meiner selbst vermag ich die Harmonie meiner selbst mit mir selbst wieder herzustellen.

Als Werk meiner selbst strebe ich nach Vollendung.

Erkenne dich selbst und baue das Werk deiner Veredlung auf inniges Bewußtsein deiner tierischen Natur, aber auch mit vollem Bewußtsein deiner innern Kraft, mitten in den Banden des Fleisches göttlich zu leben.

Wer du auch bist: du wirst auf diesem Wege Mittel finden, deine Natur mit dir selbst in Übereinstimmung zu bringen.

Willst du aber dein Werk nur halb tun, da die Natur das ihre ganz getan hat?

Willst du auf der Zwischenstufe deines tierischen und deines sittlichen Daseins, auf welcher die Vollendung deiner selbst nicht möglich ist, stehen bleiben, so verwundere dich dann nicht, daß du ein Schneider, ein Schuhmacher, ein Scherenschleifer und ein Fürst bleibst, und kein Mensch wirst.

Verwundere dich dann nicht, daß dein Leben ein Kampf ist ohne Sieg, und daß du nicht einmal das wirst, was die Natur ohne dein Zutun aus dir gemacht hat, sondern gar viel weniger: ein bürgerlicher Halbmensch.

Der gute Zustand meiner selbst als Werk meiner selbst ruht auf der Reinheit und Stärke meines Willens, die Kraft meines Gedankens nicht zur Verfeinerung meines Tiersinns, sondern zur Veredlung meiner selbst gegen meinen Tiersinn zu gebrauchen.

Durch Sittlichkeit erhebe ich mich zu der obersten Höhe, die meine Natur, nach Unschuld strebend, zu erreichen vermag.

Erziehung und Gesetzgebung müssen diesem Gang der Natur folgen.

Aus:

Wie Gertrud ihre Kinder lehrt[1]

1801

Freund! *Der Mensch ist gut und will das Gute. Er will nur dabei auch wohlsein, wenn er es tut.*

Und wenn er böse ist, so hat man ihm sicher den Weg verrammelt, auf dem er gut sein wollte. O, es ist ein schreckliches Ding um dieses Wegverrammeln! – und es ist so allgemein, und der Mensch ist deshalb auch so selten gut.

Aber dennoch glaube ich ewig und allgemein an das Menschenherz und gehe jetzt in diesem Glauben meine bodenlose Straße, wie wenn sie ein römisch gepflasterter Weg wäre.

Der Mensch, sagte ich, wird nur durch die Kunst der Erziehung Mensch. Aber so weit sie auch geht, diese Führerin unserer selbst, die wir uns selber erschaffen müssen: sie muß sich in ihrem ganzen Tun fest an den einfachen Gang der Natur in uns halten. Was immer die Kunst der Erziehung leistet und wie kühn sie uns aus unserem tierischen Dasein heraushebt, so ist sie doch nicht imstande, zum Wesen der Form, durch welche sich der Mensch von verwirrten Anschauungen zu deutlichen Begriffen erhebt, auch nur etwas hinzuzufügen. Sie soll es auch nicht.

Das Wesen der menschlichen Natur, woraus die Form der Entwicklungsweise entquillt, deren der Mensch bedarf, ist unerschütterlich und ewig. Sie ist das ewige und unerschütterliche Fundament der Erziehungskunst.

So unermeßlich das Resultat der Erziehungskunst ist, so klein und unmerklich ist in jedem Falle das Einzelne, was sie zum Gang der Natur hinzusetzt oder vielmehr auf das Fundament desselben anbaut. Ihre ganze Kraft beruht auf der Übereinstimmung ihres Einflusses und ihrer Wirkungen mit den wesentlichen Wirkungen der menschlichen Natur selber. Ihr ganzes Tun ist mit demjenigen dieser Natur ein und dasselbe.

[1] Kritische Ausgabe, Band 13.
Siehe den Kommentar zum Kapitel «Wie Gertrud ihre Kinder lehrt», Seite 21.

Mensch! ahme es nach, dieses Tun der hohen Natur, die aus dem Kern auch des größten Baumes zuerst nur einen unmerklichen Keim treibt, aber dann durch ebenso unmerkliche, täglich und stündlich fließende Zusätze zuerst die Grundlage des Stammes, dann diejenigen der Hauptäste und endlich diejenigen der Nebenäste – bis an das äußerste Reis, an dem das vergängliche Laub hängt – entfaltet. Faß' dieses Tun der hohen Natur ins Auge, wie sie jeden einzelnen gebildeten Teil pflegt und schützt und jeden neuen an das gesicherte Leben des alten anschließt.

Faß' es ins Auge, wie die Mutter Natur schon beim Entfalten der ersten emporsteigenden Sproße auch den Keim der Wurzel entfaltet und des Baumes edelsten Teil tief in den Schoß der Erde vergräbt; wie sie hinwieder den unbeweglichen Stamm tief aus dem Wesen der Wurzel, die Hauptäste tief aus dem Wesen des Stammes und die Nebenäste aus dem Wesen der Hauptäste herausbildet und allen, auch den schwächsten äußersten Teilen genug, aber keinem einzigen unverhältnismäßige und überflüssige Kraft gibt.

Aus:

Ansichten, Erfahrungen und Mittel zur Förderung einer der Menschennatur angemessenen Erziehungsweise[1]

Frühe Hauptfassung 1806

Diese Schrift stammt aus der ersten, glücklichen Zeit des Erziehungs-Institutes in Yverdon. Ich lege hier lediglich jene Teilstücke vor, die als Beitrag zum Menschenbild Pestalozzis dienen.

Die Armenerziehung bleibt bis ans Lebensende ein erstes Anliegen Pestalozzis. Die äußeren Lebensbedingungen, Armut und Reichtum mit ihren Möglichkeiten und Gefahren, müssen erkannt und ernstlich berücksichtigt werden. Aber sie gehören nicht zum Wesen des Menschen, dem die Erziehung zum Durchbruch verhelfen soll.

—

Ich überzeugte mich bald, daß in der Natur jedes Menschen ursprünglich ausreichende Kräfte und Mittel liegen, um sich ein befriedigendes Dasein zu verschaffen, und daß die Hindernisse, die sich der Entwicklung der menschlichen Anlagen und Kräfte in den äußern Umständen entgegensetzen, ihrer Natur nach besiegbar seien. Die Bemühung, sie wirklich zu besiegen, sehe ich als eine Pflicht, deren Erfüllung sich bessere Menschen allgemein zur ernsten Angelegenheit ihres Lebens machen sollten.

Je größer die Übel waren und je lebhafter ich fühlte, daß die physischen und geistigen Kräfte des Volkes unnatürlich gehemmt und fast gänzlich gelähmt waren, umso deutlicher zeigte mir die Erfahrung, daß das einzig wirksame Mittel zur Abhilfe darin besteht, *die in jedem Menschen ursprünglich wohnende Kraft, die er zur Befriedigung seiner Bedürfnisse und für die Geschäfte und Pflichten in seinen Verhältnissen benötigt, zu entwickeln, zu beleben und selbständig zu machen.*

[1] Kritische Ausgabe, Band 19.
Das Thema «Arm und reich» wird ebenfalls im Kapitel «Zweck und Plan einer Armenerziehungsanstalt» behandelt (siehe Seite 38).

Durch die heutige Erziehung kommt der Mensch im allgemeinen selten so weit, sich in seiner Lage selber helfen zu können.

Und unglücklicherweise will er nicht einmal sich selber helfen, wenn er nicht auf den Punkt gebracht wird, auf welchem das Selbstgefühl in ihm geweckt wird und das Bewußtsein, daß er sich selber helfen könne.

So geht die Masse der Völker ohne Menschlichkeit und ohne Befriedigung verloren, weil das bei ihr versäumt wird, was unumgänglich notwendig wäre: ihr auf diesen ersten Punkt zu verhelfen. Solange aber die Menschheit nicht auf diesem Punkt ist, ist ihr auch wirklich nicht zu helfen.

An den Sumpf seines Verderbens gewöhnt, setzt das Volk selber immer seine ganze Kraft daran, diesen Sumpf um sich her ewig zu erhalten.

Aber elender noch als dieses Volk sind die Wortführer seines Verderbens mit ihrem Ruf: «Das Volk bedarf keiner Hilfe, es bedarf keiner inneren Erhebung! – was will man ihm einen höheren Sinn, Selbstgefühl und Kraft aufdrängen, da es nach alldem nicht das geringste Bedürfnis in sich selber fühlt?»

Ich sah bald, daß Armut und Reichtum auf die Bildung des Menschen wesentlich keinen ändernden Einfluß haben können, noch sollen. Im Gegenteil: *es muß das ewig Gleiche und Unveränderliche in der Menschennatur, von allem Zufälligen und Äußerlichen unabhängig und getrennt, in jedem Falle notwendig ins Auge gefaßt werden.*

Der Mensch, der in diesem Sinne kraftvoll gebildet ist, lenkt und leitet das Zufällige seiner äußern Lage immer in Übereinstimmung mit der in ihm entwickelten Kraft. Nicht nur das; er braucht und benutzt diese äußeren Verhältnisse zur Stärkung seiner inneren Kraft und erhebt sich über das Äußere empor. So lebt er in Armut und Leiden innerlich ebenso befriedigt wie in äußerem Glück und Wohlstand.

Dieses Übergewicht des Ewigen und Unveränderlichen über das Äußere und Zufällige liegt von Gottes wegen im Wesen der Menschennatur. Deshalb müssen die besondern Bildungsmittel irgend einer Menschenklasse auf das Fundament dieses Ewigen und Unveränderlichen in den menschlichen Anlagen und Kräften gebaut werden.

Der Mensch muß in seinem Innern erhoben werden, wenn der Arme in seinem Äußern erhoben werden soll, und ohne daß du den Menschen in seinem Innern erhebst, sinkt auch der Reiche bei allem Glanze seiner äußern Herrlichkeit unter den Zustand eines innerlich wirklich erhobenen Bettlers herab.

Ohne diese innere Erhebung teilst du die Menschen durch die Bildung der äußern Scheinkraft ihres Standes und ihrer Lage immer nur in tierisch organisierte, einander feindlich gesinnte Menschen-Truppen und Standes-Herden auf, gleich wie die Tiere des Feldes in solche Truppen und Herden sich ewig befehdender Löwen, Füchse usw. geteilt sind.

Es ist ewig nur durch die Bildung des Unveränderlichen, Wesentlichen und Höheren der Menschennatur möglich, die Lage der Höheren mit den Bedürfnissen der Niederen in wirkliche Übereinstimmung zu bringen und die frohe, wohlwollende, sich gegenseitig helfende und gegenseitig dienende Stimmung zu erzeugen, in welcher der Arme den Reichen mit Würde, und der Reiche den Armen mit Teilnahme und Liebe ins Auge faßt.

Dadurch allein ist es möglich, den Armen dahin zu erheben, daß er neben dem Reichen mit einer gebildeten Kraft dasteht, die imstande ist, den Letzteren dahin zu bringen, daß er sich ihm nähert und ihm Hand bietet.

Unabhängig von Stand und Lage muß eine wahrhaft gute Erziehung von den unbedingten, ewigen und allgemeinen Anlagen und Kräften der Menschennatur ausgehen. Dem Kinde des Mannes, der nicht weiß, wo er sein Haupt hinlegen kann, muß sie die Anfangspunkte des Denkens, Fühlens und Handelns eigen und geläufig machen, damit es sich selbständig zur allgemeinen Entwicklung seiner Kräfte und Anlagen emporheben kann. Dem Kinde des Mannes, in dessen Hand das Schicksal das Brot, die Ehre und die Ruhe von Tausenden gelegt hat, muß sie die nämlichen Anfangspunkte an die Hand geben und es zu allem hinführen, was für die höchste Ausbildung seiner Anlagen und Kräfte notwendig ist.

Nur insofern sie dies tut, erscheint die Erziehung als eine Kunst, die, in ihrem Wesen unerschütterlich gegründet, den Forderungen der Natur und der Gesellschaft mit Zuverlässigkeit zu entsprechen vermag.

«Ansichten und Erfahrungen» in letzter Überarbeitung
Teil II

Der wichtigste Unterschied in den Verhältnissen der Menschen, nach welchem sich eine allgemein nützliche Erziehung richten muß, ist *Reichtum und Armut.*

Reichtum und das gewöhnlich damit verbundene Ansehen führen eine vielseitigere, freiere und umfassendere Ansicht der Welt und einen Überfluß an Erwerbsmitteln für alles Seltene und Kostbare, das es in der Welt gibt, mit sich.

Aber Geld und Ehre geben dem Menschen nicht das, was für seine Erziehung das Wesentliche ist. Im Gegenteil, beides kann dem Kinde in hohem Grade nachteilig und gefährlich werden. Reichtum und Ehre umgibt den Menschen selten, ohne sich seiner Sinnlichkeit zu bemächtigen und zum Nachteil seiner einfachen, naturgemäßen Ausbildung und seiner inneren Veredlung zu werden.

Reichtum und Ehre, die nur wenigen zuteil werden, schwächen im Auge der Genießenden so leicht den Wert dessen, was alle Menschen leicht haben und leicht genießen können und bringen die Eltern so oft dahin, daß es ihnen weit wichtiger ist, an ihren Kindern Schein und Glanz auffällig zu machen, anstatt das Wesentliche, Unabänderliche und Ewige, wodurch sich die Menschennatur allein wirklich veredelt, in ihnen sicherzustellen.

Aber es ist damit gar nicht gesagt, daß Reichtum und Ehre die Fundamente einer guten Erziehungsweise unbedingt ausschließen. Sie hindern sie, sie hindern sie mächtig, aber sie schließen sie nicht aus. Mitten im Gewühl von tausend irregelenkten Vätern und Müttern findet man immer hie und da die seltene Frau und den seltenen Mann, die in sich selbst und durch sich selbst höher als durch Stand und Geld einen kraftvollen Sinn für das Ewige und Unveränderliche einer wahren Menschenbildung haben.

Solche Menschen, die als das Salz in ihrem Stande angesehen werden müssen, sind, weil sie mitten durch die Schwierigkeiten ihres Standes hindurch geworden sind, was sie sind, für sich selber und das Menschengeschlecht weit mehr als jene andern, die ohne ihre Schwierigkeiten das geworden sind, was sie sind. Das Herz dieser Edeln ist für die Armut und für die Jugend offen.

Die Armut hingegen schränkt ihren Kindern und Zöglingen die Ansicht der Welt ein. Sie läßt ihnen viele Mittel und Reize und alles Seltene und Kostbare fehlen.

Aber so beschränkt die Mittel der Bildung des Armen auch sind, so groß und wesentlich ist ihr innerer Wert. Not lehrt beten, öffnet alle Sinne, treibt alle Glieder, und, was über alles geht, sie rührt das Herz und belebt mit Macht die edelsten Gefühle unserer Natur.

Dies ändert indessen nichts an der Tatsache, daß eine gute Erziehung des Armen gleich wie diejenige des Reichen in jedem Falle schwer und ein Werk der Weisheit, der Kraft und einer sich aufopfernden Menschlichkeit ist.

Das Gottesgeschenk des Armen, das Heilige und Gute, das ihn mitten im Elend noch immer belebt und erhält, ist der Welt fast allgemein verborgen. Aber das Böse, das Erniedrigende, das Schändliche, das die Welt im Armen selber erschafft, faßt sie dann so scharf und einseitig ins Auge, daß sie bald allgemein nicht mehr vermag, im Sohne des Elends irgend etwas mehr zu erkennen, als was sie selbst aus ihm gemacht hat.

Auf dieser Bahn muß die Welt notwendig dahin kommen, das, was Gott aus dem Armen gemacht hat, so zu modeln, wie sie es in ihrer Verdorbenheit brauchen kann.

Dieses Modeln der Armut wider Gott und die Natur bringt dann aber oft den Schein einer Ordnung hervor, in welcher man sich wirklich einbildet, das Innere und Ewige der Menschennatur richte sich nach dem Zufälligen der äußeren Verhältnisse und nehme in dem Grade an Wert ab und werde in dem Grade schlechter, wie das Äußere und Zufällige erniedrigt und glanzlos dasteht.

So wie der Verursacher seines Verderbens, so verliert auch der leidende Arme jede reine Ansicht von sich selbst und damit auch das Gefühl für das, was ihm fehlt, um das Innere, Ewige, das Gott in ihn gelegt hat, in sich selbst zu erhalten und in seinem Kinde zu entwickeln.

Aber dem reinen Sinn der Menschennatur, seiner Liebe und Kraft öffnen sich immer Wege, um die Schwierigkeiten in der Bildung der Kinder des Reichen wie auch der Kinder des Armen zu besiegen.

Der gute Arme ist jedenfalls wie der gute Reiche immer ein seltener Mann. Aber wenn man dem Armen im allgemeinen helfen und ihm gegen das Verderben seines Standes besonders durch die Erziehung helfen will, so muß man notwendig diesen seltenen Mann, wo immer er sich findet, hiefür zur Hand haben.

Wie die Edleren unter den Reichen, so sind die Edleren unter den Armen für die Bildung der Armen die ersten und unersetzbaren Menschen. Diese sind allein imstande, auf die Masse der verwahrlosten niederen Menschheit zu wirken und den fast erloschenen Funken des Vertrauens in sich selbst und des Mutes zur inneren Erhebung wieder anzufachen.

Aus:

An die Unschuld, den Ernst und den Edelmut meines Zeitalters und Vaterlandes[1]

1815

Der politische Denker Pestalozzi legt in diesem umfänglichen Werk eine scharfsinnige Analyse der napoleonischen Zeit vor und beantwortet die zu allen Zeiten aktuelle Frage nach den Quellen der Kraft, die den Staat als menschenwürdiges Ordnungsgefüge zu gewährleisten vermag[2].

—

Es ist wichtig, daß die Zeitwelt es tief fühlt: Die Bildung des Menschen zu allem, was er ist, geht von einem doppelten Fundament aus: erstens von einem sinnlichen, das er mit allen Tieren des Feldes gemein hat; zweitens von dem höheren, allein menschlichen Wesen unserer inneren Natur, das ihn von allen Wesen der Erde unterscheidet.

Wenn die erste, die tierische Bildung von den sinnlichen Trieben unserer Natur ausgeht, so geht die zweite, die Menschlichkeitsbildung von den höheren Anlagen des menschlichen Geistes und des menschlichen Herzens und einer menschlich gebildeten Denk- und Kunstkraft aus. Die richtige Erkenntnis dessen, was die Bildung zur Menschlichkeit, die Menschenbildung, die Volkskultur ist und sein muß, ist also eine notwendige, eine Fundamentalerkenntnis eines jeden, der sich um die Erziehung unseres Geschlechts kümmert.

Die Einrichtungen, Maßregeln und Bildungsmittel, die für die Masse des Volkes gemacht werden, in welcher Form und Gestalt

[1] Kritische Ausgabe, Band 22 (in Vorbereitung).

[2] Siehe auch W. Guyer, a. a. O. S. 95 ff.

Weitere Hinweise s. Band 2 dieser Textausgabe: Sozialpolitik. Bürger und Staat.

sie auch erscheinen, dienen durchaus nicht der Sache der Menschenbildung. In tausend Fällen taugen sie dafür gar nicht und sind ihr geradezu hinderlich.

Unser Geschlecht bildet sich wesentlich nur von Angesicht zu Angesicht, nur von Herz zu Herz menschlich. Es bildet sich wesentlich nur in engen, kleinen, sich allmählich in Anmut und Liebe, in Sicherheit und Treue ausdehnenden Kreisen.

Die Bildung zur Menschlichkeit, die Menschenbildung und alle ihre Mittel sind in ihrem Ursprung und in ihrem Wesen ewig die Sache des Individuums und solcher Einrichtungen, die sich eng und nahe an dasselbe, an sein Herz und an seinen Geist anschließen.

Der sinnliche Mensch achtet die Dinge, die außer dem Kreis seiner sinnlichen Selbstsucht liegen, für nichts. Er achtet die heilige Sache der Menschheit für nichts; ich möchte mit der Bibel sagen: er achtet die Dinge nicht, die des Geistes Gottes sind, denn sie liegen außer dem Kreise seiner sinnlichen Selbstsucht.

Die große Mehrheit der Menschen – sowohl in ihrer Masse als in ihrer repräsentativen Erscheinung – ist gemein und schlecht. Das Vollkommene und Edle ist unter den Menschen selten und steht gar oft wie ein «Licht unterm Scheffel» [1] da. *Der tierische Mensch kennt das reine, hohe Wesen der wahren Menschlichkeit nicht,* und da ist es einerlei, ob er in diesem Unvermögen innerlich verkrüppelt auf einem Richterstuhl sitze und Recht spreche oder gefesselt, mit auf den Rücken gebundenen Händen vor den Schranken dieses Rechts stehe. Das alles ist gleichviel. Er erkennt das reine, hohe Wesen der wahren Menschlichkeit nicht und öffnet sein Auge nicht einmal gern, wenn es sich gleichsam mit Gewalt an alle seine Sinne andrängt.

Sein sinnliches Voreilen in der Entfaltung seiner selbst und seiner Kinder zu allem Wissen, zu aller Schlauheit, zu aller Gewandtheit, zu allem Stolz, zu allem Hohn, zu aller Niederträchtigkeit unseres Geschlechts ist eine Folge seines in der Sinnlichkeit beschränkten und durch das Zivilisationsverderben verwirrten Dranges nach Vollkommenheit. Er will sich veredeln, aber er kennt den Sinn der Veredlung nicht und meint, er tue dieses, wenn er sich abschleift. *Aber der Mensch veredelt sich nicht wie der Stein im*

[1] Siehe NT Matth. 5,15. Licht unterm Scheffel = brennende Lampe mit einer Schüssel zugedeckt.

Gebirge, nicht wie die Saaten des Feldes und das Vieh auf der Weide. *Er fordert eine ganz andere Pflege und Wartung und Kunst* als die, durch welche alle Wesen der Schöpfung, die nicht Menschen sind, zur höchsten Vollkommenheit gebracht werden.

Die Menschenkunst, die Menschenbildung ist von Gottes und der Natur wegen die höchste Kunst unseres Geschlechts. Der Mensch muß sie suchen und schätzen als sein höchstes Gut. Er tut es auch; oder wer ist Vater und Mutter, der nicht einen Finger von der Hand gäbe, daß seine Kinder menschlich gebildet würden und menschlich leben könnten bis an ihr Grab? Doch obschon er es noch so gerne sucht, er vermag es nicht, wenn er nicht selber menschlich gebildet, nicht selber im höheren Sinne des Wortes Mensch ist.

Nur der edle und erhabene Mensch hat wahre Kräfte zu aller Unschuld und Reinheit der Menschenbildung.

Im Verderben der Welt ist die Menschenbildung nicht bloß die notwendigste, sie ist auch die seltenste und schwierigste Kunst. Ich staune nach ihr hin, ich achte sie selbst als das höchste Gut. Aber wo soll ich sie suchen, wo soll ich sie finden, wenn nicht im Menschen selber, getrennt vom Einfluß des Weltverderbens, in seiner Unschuld und Reinheit, in seinem Gefühl der Wahrheit aller seiner besseren Kräfte? *Wo soll ich sie suchen als im Tun der Mutter und in aller Kraft und in aller Sorge ihres mütterlichen Sinnes, also in der Reinheit ihrer selbst,* wodurch sie sich entschieden von allem Tun weiblicher Wesen, die zwar Mütter, aber nicht Menschen sind, unterscheidet?

Wenden wir uns einen Augenblick dem Wesen der menschlichen Entfaltung zu.

Am Anfang seines menschlichen Seins steht sein Gemüt. In ihm liegt der heilige Keim der reinen Entfaltung aller sittlichen, geistigen und physischen Kräfte. Das erste Leben des Säuglings ist durch die Ruhe seiner ersten Tage gleichsam eine geweihte Fortsetzung seines unbewußten Lebens im Mutterleib. Die Bedeutung dieses Anfangszustandes ist unermeßlich. Der Mensch muß sich nicht tierisch lebendig, er muß sich menschlich beruhigt entfalten. Und diese Gemütsruhe ist die erste Grundlage der naturgemäßen Entfaltung aller unserer Kräfte. Das Menschenkind vegetiert, ehe sich sein tierisches Leben entfaltet. Das Eigentliche seines Wesens fordert das Stillegen seiner tierischen Kraft, damit das Menschliche seines Seins sich ungestört entfalte. Dadurch wird das Bedürfnis nach einem mütterlichen Einfluß, einer mütterlichen Sorgfalt und Kunst auf die Entfaltung der menschlichen Kräfte entschieden ins wahre Licht gesetzt. Das erste Zeichen des inneren Lebens des Kindes ist sein himmlisches Lächeln. Es ist die erste Regung eines über allen Tiersinn erhabenen menschlichen Sinnes, es ist der Ausdruck der inneren Befriedigung des Gemütes durch den Genuß der menschlichen Sorgfalt und Liebe. Daraus entfaltet sich die Liebe zur Mutter, und diese wird schnell eine anhaltende, eine vollendete Liebe. Der erste Grad der sinnlichen Liebe ist im Säugling vollkommen. Er mag an Alter und Kräften zunehmen, wie er will: er kann seine Mutter sinnlich nicht mehr, nicht inniger lieben, als er sie auf ihrem Schoße in der Unmündigkeit liebt. *Er lebt in ihr, er lebt durch sie, sie ist ihm über alles. Seine Liebe ist Glaube, ist erheiterndes Vertrauen in ihre Vorsorge.* Durch diesen Glauben hebt sich im Kinde das Gefühl der Hilflosigkeit von selbst auf. Die Kraft der Mutter ist seine Kraft. Er weiß nicht, daß er keine eigene hat. Er lebt in Glauben und Liebe und kennt kein Bedürfnis nach Kraft, keine Gier.

Unschuld, Liebe und Glaube sind offenbar die Basis der menschlichen Entfaltung.

Die menschliche Kraft entfaltet sich aus der Menschlichkeit selber, die tierische hingegen aus dem Mangel an Menschlichkeit und an menschlichem Glauben.

Freund der Menschheit, sieh' wie die Sorgfalt der Mutter auf die Entfaltung der menschlichen Kräfte des Kindes einwirkt: In Geborgenheit und Ruhe entfaltet sich das menschliche Denken und Tun des Kindes. An der Seite der Mutter entsteht ein junges Leben in Unschuld, Wahrheit und Treue. Im Kinde erwacht das Bewußtsein vom Unrecht des Lebens in Untreue, Täuschung und Lüge. An der Seite der Mutter lernt das Kind die Selbstüberwindung und erwirbt Fertigkeiten im rechten Tun. Dies alles ist Resultat der mütterlichen Sorgfalt und des unverdorbenen Lebens im Heiligtum der Wohnstube.

Diese Anfangspunkte und Elemente der menschlichen Bildung umfassen, wenn auch nur in ihrem Keime, das Ganze der zu entfaltenden menschlichen Kräfte.

Der Weg zur Vollendung der Kräfte durch die Glaubensruhe ist und bleibt der einzig wahre Weg der Entfaltung der Menschlichkeit. Auf ihm allein kommt der Mensch dahin, das Vorherrschende seines tierischen Sinnes in sich selber zu besiegen und das rein Menschliche in sich selber herrschend zu machen.

Freund der Menschheit, fasse diesen Gang der Natur in seiner tiefsten Bedeutung ins Auge! *Sieh', wie sich aus der Liebe zur Mutter auf dieser Bahn die Liebe zu Gott, aus dem Vertrauen auf die Mutter das Vertrauen auf Gott, aus dem Glauben an die Mutter der Glaube an Gott einfach und lieblich entfaltet.*

Sieh', wie das Bewußtsein des Unrechts auf dieser Bahn beim Kind in eine heilige Kraft gegen das Unrecht, und wie die Scheu und Scham vor der Mutter in Scheu und Scham vor dem Angesicht Gottes, in Gottesvertrauen übergeht.

So im Innern für die Wahrheit und Reinheit seiner Veredlung kraftvoll gebildet und für seine äußern Verhältnisse in Unschuld und Liebe mit sich selbst in Harmonie gebracht, geht dann das Kind vorbereitet aus der Wohnstube in die Welt, in die Schule der Welt hinüber, anders als das verwahrloste Kind, das ohne Muttersorge, Vatertreue, Bruderliebe, ohne Gottesglauben gelebt hat. Nein, es geht in Unschuld, aber auch göttlich und menschlich gebildet und gestärkt, in die Schule der Welt hinüber.

Freund, siehe dich um und forsche, ob sich unser Geschlecht anders über sein sinnliches Verderben zur reinen Sittlichkeit erhebe; ob die Kräfte unseres Geistes, unseres Herzens und unserer Kunst sich anders als auf dieser Bahn menschlich entfalten.

Alles, was diese Bahn in ihrer Reinheit, in ihrer Kraft und in ihrer Höhe schwächt und ihre Sicherheit untergräbt, steht dem Erfolg der Menschenveredlung entgegen und ist mit dem Wohl des Menschengeschlechts in vollem Widerspruch.

Es ist deshalb von größter Wichtigkeit, daß der Mann, der die reine Entfaltung des Menschengeschlechts und eine darauf zu gründende Volks- und Nationalkultur wünscht, sich über den Geist der Zivilisation, ihrer Tendenz und ihrer Schranken nicht täusche, daß er das Bedürfnis nach Erhebung seines Geschlechts über ihre Schranken richtig erkenne und fühle.

Volkskultur und Volksbildung sind bei der Erniedrigung und Verwahrlosung des Volkes und beim Mangel der naturgemäßen

Entfaltung unserer Kräfte ein Traum. Wenn je ein Zeitpunkt in der Welt war, in welchem diese Gefahr uns allen vor Augen gestellt war, so ist es der Zeitpunkt unserer Lebensperiode. Oder sollten wir uns hierüber noch täuschen? Können wir die großen Ereignisse unserer Tage an uns vorüberziehen lassen, ohne den Geist derselben und die Quellen zu erkennen, aus denen sie alle hervorgegangen sind? Können wir uns verhehlen, daß die Menschenleiden so vieler Jahre und so vieler Staaten das höchste Zivilisationsverderben zu ihrer Quelle und Ursache hatten?

Literatur

Pestalozzi, Johann Heinrich: Sämtliche Werke, 28 Bände. Kritische Ausgabe. Begründet von Arthur Buchenau, Eduard Spranger und Hans Stettbacher. Zürich und Berlin 1927 ff.

Pestalozzi, Johann Heinrich: Sämtliche Briefe, 13 Bände. Herausgegeben vom Pestalozzianum und von der Zentralbibliothek in Zürich. Bearbeitet von Emanuel Dejung und Hans Stettbacher. Zürich 1946 ff.

Guyer, Walter: Pestalozzi aktueller denn je. Zürich 1975.

Delekat, Friedrich: Johann Heinrich Pestalozzi, Der Mensch, Philosoph, Politiker, Erzieher. Heidelberg 1968.

Spranger, Eduard: Pestalozzis Denkformen. Stuttgart 1947.

Gerner, Berthold: Pestalozzi. Interpretation zu seiner Anthropologie. München 1974.

Widmer, Christian: Pestalozzis Burgdorfer Zeit 1799–1804. Die Geburtsstunde unserer Volksschule. Bern 1973.

Stichwörter-Verzeichnis